流量变现

TRAFFIC MONETIZATION

27个高转化的营销经典案例

刘芳◎著

中国法制出版社
CHINA LEGAL PUBLISHING HOUSE

前　言

这是一本为企业家 / 中小微创业者，以及众多营销运营人写的书，如果有其他领域的朋友也读到了这本书，相信也会对您的事业产生一定的影响。

消费趋势与竞争

综观近年来的商业变化：一方面，我们进入了一个多元消费观并存、品牌消费降级、品质消费升级的时代，互联网技术的快速发展也在改变着消费模式，“Z 世代”（泛指 1995 年到 2010 年出生的一代人）年轻群体的全新消费观撞击着每一个传统的商业与品牌，成熟型的消费者也在多元商业环境下产生了巨大的变化。另一方面，爆炸式的信息在抢夺消费者的心智，所以更优质的内容电商持续增长，通过激发消费者的兴趣获得流量与销售额的转化；新零售业态高潮迭起，社区团购、C2M（Customer-to-Manufacturer，用户直连制造）

趋势越来越明显，传统的商业链条真正从卖方市场转变为买方市场；随着网络技术的发展，催化出如直播和短视频这样的新营销渠道；入局者越来越多，导致线上线下的流量已经严重分配不均。

在这样的情况下，流量的概念与方法正在逐步地替换掉一些传统的概念，以迅雷之势快速崛起。很多企业想快速看到成效，更容易跟着流量走。

从 2013 年开始到撰写本书前，我就带领着团队，运用微信生态去获取 C 端（消费者、个人用户或终端用户）、B 端（企业用户商家）流量，同时也对线上线下的流量渠道进行全方位的布局与深度运营。在近 8 年的时间里，各种流量的生态环境、工具系统、营销玩法都在升级迭代、日益成熟。从早期粗放的流量获得，到后期精细化的流量运营，在这一段漫长的时间里，所有的商业体与消费者都能够深切地感受到一场流量进化史的演变。

但是我也看到了一些固守传统的商业实体，似乎在这一系列的流量变化趋势面前手足无措。有些人跑得很快很远，有些人却仍然在采用旧的商业模式开展经营。趋势是什么？趋势就是：**它来的时候难以描述，但是当可以言明它代表着什么的时候，却已远去。**

基于我在实体零售、新零售、互联网行业多年的经验与创业经历，对许多中小微创业者甚至成熟型企业在经营过程中遇到的痛点的深度了解，当我计划把多年的积累沉淀输出的时候，就已经将“解决企业家/创业者和营销运营人最关心的痛点”作为本书的立基点，奉为完成本书的使命。

流量痛点

商战的残酷无情，机会的转瞬即逝，这一切，都在提醒着我：必须站在本书读者的角度，去思考真正能够帮助到他们的能力。所以，问题来了：对于流量，企业家/创业者到底在关心什么？营销运营人又在关心什么？

企业家/创业者在关心：

◎ 在流量已经被大平台垄断的时代，我的企业应该如何获得更多的流量？

◎ 在获取的流量越来越贵的时代，我该如何通过更低的成本、更有效的方式获取流量？

◎ 在流量红利见顶的时代，对于存量用户该如何进行精细化的运营才得以发挥其最大价值？

◎ 在政策引导下各平台之间有流量打通的趋势，我该如何抓住时机提前布局？

而营销运营人在关心：

◎ 我现在的打法是哪儿疼打哪儿，治标不治本，缺乏体系与逻辑性。有没有一套方法可以让我对于流量经营有更全面、更系统化的认知？

◎ 我是否能够通过系统化的学习，具备更体系化的思维，帮助企业（老板）解决流量转化的问题？

◎ 在人人都喊着要躺平的时代，我能否成为那个通过强化自身职场竞争力和业绩成效脱颖而出的人？

我通过对各行各业的专家、朋友进行观察与咨询，清楚了解企业家 / 创业者和营销运营人的关注点后，结合自身从业多年的实战 + 创业 + 商业洞察，撰写了这本《流量变现》，献给每一位带着流量困惑而来的读者。

在读本书之前，我们还是要弄清楚一个问题：流量到底是什么？每个人的思维不同，应该对这个问题都有自己的解释。我的理解是：流量的本质，就是要抓住用户的注意力。而流量变现，则是通过抓住用户的注意力，打好“拉力”和“推力”的组合拳，实现销售的转化。

当我们将这个问题思考清楚后，接下来我将告诉您：这本书该如何来读？

“149 流量”定义

本书有一个“149 流量”定义：由 1 个核心、4 大元认知、9 大思维构成。

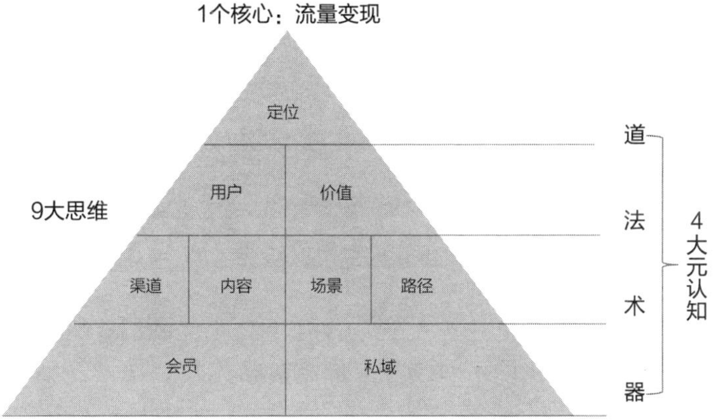

图 1　流量变现“149”金字塔模型

而为了更好地阐述“149 流量”的定义，进一步有 27 个经典商业案例、40+ 具体场景应用案例，给读者呈现一个更加具象的流量方法实战论，以下逐一分析。

1 个核心：围绕着流量变现开展，这是本书的灯塔，指引着我们要前往的方向。

4 大元认知：说明了流量变现的“道、法、术、器”。道——最高纲领；法——方法法理；术——具体行为；器——落地工具。

9大思维：承接流量变现的4大元认知“道、法、术、器”，通过原理讲述+丰富案例落到读者更容易理解的定义上。道——定位，法——用户、价值，术——渠道、内容、场景、路径，器——会员、私域，形成整本书完整的闭环逻辑。

27个经典商业案例：围绕着9大思维，在每个思维下深度拆解了3个商业案例，一共由27个深度解读的独立商业案例组成，让读者朋友们看到这些已经成为行业领先或头部的商业品牌所具有的底层思考逻辑。

40+具体场景应用案例：9大思维分别是流量变现的基本原理和基础逻辑，在每个思维下均有大量的具体场景案例来辅助描述，强化读者对于9大思维的认知力，让读者朋友们学习起来更有场景感。

各章框架及要点

本书由9大章节组成。

第一章——道：定位思维。本章揭示了流量的顶层设计是定位，即定位准了，也就意味着流量有了一个好的破局点。

第二章、第三章——法：包括用户思维和价值思维。这两章揭示了何为用户思维，以及如何运用这种思维降低用户使用你的产品/服务的门槛；为用户提供差异化的价值思维，说明了用户为什么会选择你，而不是竞争对手的产品 / 服务。

第四—七章——术：包括渠道思维、内容思维、场景思维、路径思维。这四章说明了在哪里找到用户、用什么内容打动用户、在哪些场景下可以打动用户、打动用户的路径设计。

第八章、第九章——器：包括会员思维、私域思维。这两章告诉读者：当用户进入了你的体系后，要用什么方法和工具对用户进行管理与价值再造。

写到这里，本书的底层思考逻辑与框架已介绍完毕，也希望这样的思考，能帮助各位企业家 / 创业者、营销运营人对流量变现的逻辑有一个全面的了解。

写作期间我涉猎过众多的学科领域，也借鉴了多个案例材料，不尽之处，请各位读者朋友多多包涵。如果涉及您的权益，请与我联系：个人微信“fairy158158”，亦可关注我的微信公众号“刘芳在想”（xlslf158）或同名微信视频号，我会尽快与您取得联系。

开卷有益，愿这本书能让各位读者朋友有所收获。

目录

01 第一章 定位思维

02 第二章 用户思维

03 第三章 价值思维

04 第四章 渠道思维

05 第五章 内容思维

06 第六章 场景思维

07 第七章 路径思维

TRAFFIC MONETIZATION

01

第一章　定位思维

本章要点

1.1　做好定位拿下用户心智，为流量破局

1.2　简爱：精于做减法，重新定义“无添加”好酸奶

1.3　泡泡玛特：IP+“95后”+盲盒，拿下潮玩第一品牌

1.4　KKV：中国版解忧杂货铺，如何成为集合店独角兽

1.1 做好定位拿下用户心智，为流量破局

为什么说要做好定位才能破解流量困局？

用户在消费的时候会分为两种场景：一种叫作“指名购买”，另一种叫作“随机购买”。

“指名购买”是指对某个产品，用户心中已经有明确的购买品牌。该场景在我们的生活当中发生得非常高频：

点外卖？上美团。

喝可乐？买可口可乐。

喝凉茶？买王老吉。

吃坚果？买三只松鼠。

某个品牌在用户的第一选择名单里，这就是指名购买。

用户的需求早在购买前就已经心有定数，当他掏钱支付的时候，只不过是最后的一项执行动作罢了。

如果这样的话，那永远只有那些大品牌才有市场，其他商品岂不是没有机会了？

别担心，还有随机购买场景：下班了，你和爱人一起去超市随便逛逛，当你们走过一个非常漂亮的鸡尾酒货架时，

被鸡尾酒独特的包装设计和瓶身造型吸引住了，看了一下是当下流行的白桃味，应该挺好入口的，再看一下价格，这会儿刚好有买一送一的活动，你们就下单了。

无论是实体店，还是线上店，这样的随机购买场景都很常见吧。

看似这两类场景下用户都做出了消费的动作，但并不意味着这些品牌的命运是一样的。

如果你的品牌是用户心智中的强力品牌，那么在进入线上和线下渠道时就会有很强的先天优势。某些渠道无论其当下成熟与否，都会反过来邀请强势品牌加入，为自己加持，塑造本渠道商品丰富、品质优良、服务优质等印象，而基于此，甚至会给出流量、广告、让租甚至免租的诱人条件。

但是，如果你的品牌是一个全新品牌，没有任何用户认知的呢？那就意味着要花更多的入场费、上架费、条码费、直通车等名目繁多的渠道费用，才能铺进线下终端渠道或者登录线上平台与用户见面。

最佳的破局方法就是：**为产品做好定位，在用户、产品、渠道、营销各大战场上分别拿下用户心智，减少无效且不知所云的营销成本支出。**

要弄清楚一个品牌的定位，我们要来了解一下其所属品类、特性，以及用什么来证明其的确具备这样的特性，这才能完整地解构“定位”。

有一个经典的定位案例就是沃尔沃。

沃尔沃锁定了“轿车”这个品类，特性则是“安全”，而“安全”这个特性需要用一系列的证据来佐证，如它是第一个发明了挽救无数人生命的“三点式安全带”的轿车品牌。而这个证据佐证了其“安全”的特性，也撑起了沃尔沃在“轿车”品类里“安全”定位的用户心智印象。

我任职于中国国内店数规模 Top 3 的社区型连锁便利店品牌美宜佳的时候，曾经带领市场营销团队搭建了一个粉丝量 1500 万 + 的微信公众号，这个体量在便利店行业里可以说是数一数二的，也统筹执行过多个行业瞩目的线上活动，操盘过多篇阅读量 10 万 +，甚至 20 万 + 的爆款文章，相关案例也被秋叶《个人品牌 7 堂课》一书收录其中。回到本章的定位思维来看，当时我们将公众号平台定位为“为用户提供有价值的产品与服务”，为了实现这个定位，通过构建优惠券、一元抢、闪购、外卖、商城、团购、品牌合作、异业联盟、移动支付等产品与服务矩阵，整合了大量的品牌商与合作商资源，实实在在地帮用户省钱、省事、省时间，获得了零售行业、微信、支付宝、异业合作商、品牌商、用户多方的合作与好评。

除了具体有形的产品定位外，还有无形的产品定位。

比如，知乎母婴账号“陈大可”，因为有着明确的个人品牌定位，专注于母婴知识的分享，成了知乎母婴账号的大V。

视频号“香港金融侠侣”，以夫妻档组成，专注定位于有温度地传递财富增长密码，赋能万千用户，从众多的财经博主中脱颖而出，成为视频号财经类头部大号。

国内消防安全类培训名师“张海华老师”，也因为专注定位于消防安全的培训，用户非常精准，不但通过出书巩固了他的个人品牌，当他通过视频号推广个人业务时，也因为精准的定位拿下了精准的用户群体。

所以说，品牌的流量之争，从定位开始就已经拉开了距离。

下面3个堪称教科书的品牌定位案例，我们看看它们当时做对了什么才能够在物质过剩的时代获得一定的市场地位，甚至称王。

学习加油站

1. 想要获得更多表格工具及学习资料，请关注微信公众号“刘芳在想”，回复关键词“流量”获得超200页的PPT学习资料包；

2. 关注微信视频号“刘芳在想”可观看更多精彩课程视频；

3. 添加个人微信号“fairy158158”交流。

1.2 简爱：精于做减法，重新定义“无添加”好酸奶

大道至简。

很多东西原来的样子就应该是简单、纯粹、安心的，比如简爱推出的“无添加”酸奶。

简爱酸奶用其初心与执着，定位于“无添加”，在中国乳业品牌中突围而出。

简爱酸奶作为朴诚乳业旗下的品牌，从诞生之初就倡导以“无添加”为主导要素，配料表也十分简单，“生牛乳，乳酸菌，其他没了”。

凭借这样简单的配料，简爱也成了中国国内首家“无添加”低温的酸奶品牌，领跑中国高端酸奶市场。

根据 AC 尼尔森的数据，2020 年受新冠肺炎疫情的影响，低温酸奶市场的整体销售额下滑，但是简爱酸奶的销售额上涨超 70%。截至 2020 年 12 月，简爱酸奶近 5 年的年复合增长率为 109%，也一跃成为名副其实的国内低温酸奶 Top 1。凭借其优异的市场表现，简爱也不断获得资

本市场的青睐。

要在巨头林立的中国乳制品行业获得一席之地，是一件非常困难的事；而要在低温乳制品这个拥有品牌和技术双重壁垒的垂直品类领域脱颖而出，更是难上加难。

人们不禁要问了：作为一个连续5年翻倍增长的“后来者”乳制品品牌，简爱酸奶在定位上做对了什么呢？

我们来具体分析一下它的定位：

◎ 品类：简爱酸奶从属于“乳制品”这个大品类当中“酸奶”的子品类；

◎ 特性：简爱酸奶将它的特性定义为“无添加”，而“无添加”，毫无疑问也是简爱在用户心智中最为突出的形象；

◎ 证据：简爱酸奶为了证明其“无添加”的特性，提出了“生牛乳，乳酸菌，其他没了”的“无添加”品牌主张，甚至连“丁香医生”都推荐了一款“0糖0香精，高钙好滋味”的简爱酸奶，能够获得专业平台的推荐，也为简爱酸奶加持了一个非常有力的背书。

进一步剖析，简爱酸奶的定位之所以能够成功，基本可以归于以下宏观及微观因素的影响。

1. 乳制品市场大趋势向好

从各方面的数据来看，乳制品市场尤其是低温乳制品呈现出一个长周期的向好趋势，这就给很多乳制品品牌提供了长周期发展的“温床”。

首先，低温乳制品市场有着足够大的成长空间。伴随着经济的持续发展，尤其是在后疫情时代，人们的保健意识逐渐增强，对乳制品的消费持续上涨，市场需求旺盛。

其次，用户对乳制品的期待也越来越高，不是有产品就够了，而是要有更好的产品。

最后，乳制品市场需要专业的人去做。做乳制品市场不是一件简单的事，尤其是低温乳制品的线下渠道运营难度较高，对于团队的线下作战能力是极大的考验。

2. 大环境倡导健康理念

在促使用户购买乳制品的重要因素当中，排名靠前的关键词为天然、高品质、口味好等。

小红书 APP 上关于无糖、减糖的帖子，就有 50 万 +，用户对食品含糖量的关注度日益提升，已经从用户的需求端掀起了一场减糖革命，而各个新兴领域正虎视眈眈地盯着这个利好的市场机会摩拳擦掌，这样的趋势也为简爱的“无添加”“0 糖”等概念爆发奠定了环境基础。

3. 用户定位足够精准

简爱酸奶以一、二线市场的年轻、高知、高消费用户群体为主，其中高知的女性人群为其最为核心的目标消费群体。

在追求生活品质方面，高知女性的自我意识已经在逐步觉醒，悦己成为她们的消费理念和消费主张，追求高品质的生活，崇尚健康而且营养的生活方式。她们在产品的消费上，除了对于产品本身的功能性满足之外，更加期望得到体验上的丰富层次感。

而高知女性的学识和认知也非常高，她们作为家庭甚至社会的意见领袖，都可以很好地影响家庭的生活方式以及社会的生活趋势。

而简爱酸奶所倡导的“无添加”理念，正好契合了这一类用户的消费诉求。也正是这一类用户的强影响能力，进一步提升了简爱的品牌影响力。

4. 另外建立赛道

小智者抢占市场，中智者发现市场，大智者创造市场。

如果这个赛道挤满了人，你是跑还是不跑呢?

问题是：你想跑，可能连勉强挤下你的缝隙也没有了。

乳制品行业的竞争也早已进入了白热化的阶段，这种竞争异常激烈。

你做酸乳我也做酸乳，你做发酵乳我也做发酵乳，你做风味酸乳我也做风味酸乳。在这样一种竞争的态势下，很多的乳制品品牌只是始终围绕着商品本身的表面进行粗浅化竞争。

简爱酸奶没有直接跟进赛道，而是另外建了一条赛道，这条赛道就是“无添加”赛道。而“无添加”，也是简爱酸奶区别于其他乳制品品牌的最大的识别标签。由于切入市场较早，简爱也稳稳地坐定了“无添加”酸奶领军品牌的宝座。

这其实也给很多的品牌在定位上提供了参考：**排队不成，那就另建赛道。**

简爱选择了建一条新的赛道，拥抱用户对于产品追求年轻化、健康化、颜值化的强烈诉求，根据这三个风向标，自建赛道下场参赛，自己给自己当起了裁判。

而自建赛道不但避开了与各大小品牌的正面竞争，也让自己在这条赛道上拥有更多的主动权。

5. 降低用户的认知难度，增加社交货币属性

简爱酸奶在其产品包装上也非常直白，比如其有一款产品正面包装上强调“生牛乳，乳酸菌，其他没了”，用这种方式来降低用户的认知难度，明确其产品的定位。虽然它在包装上也存在一些争议，但是简爱酸奶还是坚持用好产品说话。

很多竞争品牌都在研究没有加糖的酸奶存在的口感问题，但是对于简爱来讲，这也恰好是其技术壁垒。

除了降低用户的认知难度、明确定义之外，清新简洁的包装设计也巧妙地加持了社交货币的属性。而一旦加持了社交货币属性，就等于为这个品牌的传播加持了一个影响力的杠杆。

简爱的设计快速地帮助品牌在用户心智当中建立清晰立体的形象，也帮助它打开了用户的心扉。

6. 和年轻人站在一起获追捧

任何一个业态，得年轻人者得天下。

出生在这个时代的年轻人，别看他们小小年纪，但拥有强烈的健康意识。

简爱的产品定位以及其风格设计既吻合年轻人的健康消费理念，也符合“颜值即正义”的当下的审美标准。

理解年轻人、与年轻人对话、与年轻人站在一起，简爱把握住了这一代年轻人的潮流风向标。而喝“无添加”的酸奶，也能够让他们找到生活在喝酸奶这个价值链顶层的小傲娇。

7. 主攻精准的渠道，迅速发力

除了产品定位符合市场的消费需求之外，简爱的产品渠道定位也是非常契合其品牌精神的。

和传统的乳制品不同，简爱没有以传统渠道 KA（重要客户）为主，而是聚焦于以精品超市、电商、便利店、O2O（线上到线下）为主的新零售渠道，如与盒马鲜生的合作。

以盒马鲜生为代表的新零售异军突起，其目标用户有三大特征：

◎ 年龄在 25—35 岁的、围绕家庭的互联网用户，集中在女性；

◎ 有一定经济基础的“80 后”与“90 后”消费群体；

◎ 有较高消费能力的中高端用户。

盒马鲜生的目标用户群体的特征与简爱的目标消费人群画像高度重合，简爱酸奶也与盒马鲜生这一类的新零售品牌一同进入了用户心智，打开了千家万户的门。

本节小结

所有品牌最终的胜利，都是定位的胜利。

追求做“减法”的简爱酸奶在高端市场所取得的成绩令业内瞩目。精准定位消费人群，顺应无糖趋势，以“无添加”作为简爱酸奶区别于其他乳制品的最大“识别度”的标签。

精心打磨自己的产品，找到消费需求的契合点，走在未来消费发展趋势之前，更走出了区别于普通产品的差异化之路，简爱酸奶的市场机会仍然是巨大的。

但是，市场上产品的更新迭代也非常快，简爱是否能基于“无添加”的定位优势始终牢牢占据用户心智呢？只能留给市场来证明了。

要点提炼

1. 简爱锁定酸奶子品类，特性“无添加”，通过产品配料、专业平台背书为其定位进行佐证。

2. 简爱的成功因素：乳制品市场大趋势向好，成为长周期产品；大环境倡导健康理念，为“无添加”奠定发展基础；用户定位足够精准；另外建立赛道，不与对手正面对抗；产品包装降低用户的认知难度，增加社交货币属性；和年轻人站在一起获追捧；主攻精准的渠道，迅速发力市场。

课后作业

请你根据简爱酸奶的定位分析，找到一个奶类品牌，尝试对其定位进行分析和拆解。

➤ 选择品牌：________________

➤➤ 分析拆解：________________

____

____

____

____

____

学习加油站

1. 想要获得更多表格工具及学习资料，请关注微信公众号“刘芳在想”，回复关键词“流量”获得超 200 页的 PPT 学习资料包；

2. 关注微信视频号“刘芳在想”可观看更多精彩课程视频；

3. 添加个人微信号“fairy158158”交流。

1.3 泡泡玛特：IP+“95后”+盲盒，拿下潮玩第一品牌

网上流传着一个段子，当代社会有三大经典谎言，分别是：

“现在就出门，马上到”；

“今天一定不熬夜”；

“买够100个盲盒就收手”。

而其中，“买够100个盲盒就收手”说的就是泡泡玛特。

泡泡玛特成立于2010年，发展了4个领域板块：艺术家挖掘、IP孵化运营、消费者触达以及潮玩文化推广与培育。其旨在用“创造潮流，传递美好”的品牌文化构建覆盖潮流玩具全产业链的综合运营平台。

让人惊奇的是：这个看似和大多数人生活没有过多交集的品牌，于2020年12月11日在港股正式挂牌上市。而上市首日开盘后，泡泡玛特的股价就达到77.1港元/股，较38.5港元/股的发行价涨幅超100%，总市值超千亿港元。

这就让人有些看不懂了。有人问：凭什么？在我的生活里，似乎从来没有出现过泡泡玛特的身影。

这就对了，在一些人的生活里确实很难想象泡泡玛特存在的意义是什么。因为，这个品牌本身就是圈层化的定位。

我们来分解一下泡泡玛特的定位到底是什么。

要梳理清楚一个品牌的定位，需要分析其所属品类、特性，以及相应的证据支撑。

我认为对于泡泡玛特来说：

◎ 其所属的品类是“玩具”这个大品类中的“成人模型玩具”子品类；

◎ 其特性是“艺术＋潮流”，把自己打造成了一个感性消费品，而非功能性消费品；

◎ 为了证明自己“艺术＋潮流”的特性，泡泡玛特签约了大量的艺术家和设计者 IP，并通过领衔主办国际潮流玩具展引领潮流走向。

展会的举办一时也掀起盛况，来自各个国家的几百位艺术家和上万粉丝齐聚联动。随着办展经验越来越成熟，与天猫、艺术家、线上线下等创新玩法融合，每一次的展会热度都很高，既带来了强传播，也把品牌植入了用户心智。

而采用展会的形式，也可以说是泡泡玛特在艺术潮玩文化的传播和输出上做出的全新尝试。

在中国，许多品牌的传播方式很僵硬，大广告贴着，大口号喊着，在用户端却感受不到任何走心与触动，品牌宣传以自说自话居多。而泡泡玛特不同，在自身新潮文化传播的基础上又做了新的尝试，这个新尝试就是用展会的方式让艺术家、IP 与粉丝零距离互动。这个强化其定位的做法打破了品牌与用户的传统联动方式，不说绝后，至少当下是空前的。

泡泡玛特的定位成功，还要归功于以下几点精准的判断。

1. 抓住了“Z 世代”用户群的情感、圈层文化消费诉求

所有成功的品牌背后，都有着一群铁杆用户。

作为泡泡玛特这种代表着新商品、新消费的企业，要打破用户心智，关键是了解和抓住“Z 世代”人群的消费习惯。

“Z 世代”人群是互联网的原住民，而随着他们日益成为社会消费的主力，抓住他们的消费心理和消费特点则显得极为重要。

“Z 世代”人群的成长环境是物质优渥和文化丰饶的互联网时代，所以，**消费为社交、消费为人设、消费为悦己**，成为这个群体的主要消费动机。

第一，消费为社交。

虽然“Z 世代”人群的成长环境良好，但受中国生育政策影响，独生子女较多，所以他们也是很“孤独”的一代。

他们会通过自己的兴趣爱好找到属于自己的细分圈层，而在这个圈层里面，则形成了自成一派的语境和体系。

比如，在二次元这个重要的圈层文化当中，“萌化”“少女化”“拟人化”等就是特有的圈层特性。而每个圈层的人，他们首要会通过“买买买”的方式，来买出共鸣、吸引同好，来跟上圈内潮流，维系共同的语言与环境。

泡泡玛特就是以“萌化”“少女化”“拟人化”的设计，将个人的形象追求、小情绪、小世界寄于这个小小的玩具上，而这个小玩具，打动了该圈层的用户，尤其打动了圈层中消费冲动性很强的年轻女性用户群体。

第二，消费为人设。

即通过购买不同的产品，来探索更符合自己的需求，并打造专属人设。

而这些消费特性则表现为：想要拥有最新或未尝试过的体验，相同产品下也会经常换不同的款式，想要获取独一无二的专属体验。

泡泡玛特的限量款、盲盒式销售、玩具的交换、结识达人、收藏性，并能与潮玩艺术家进行交流，都让“Z世代”找到了专属于自己的人设打造方式。

第三，消费为悦己。

“Z世代”人群的父母一辈具有更强的财富实力，所以让

"Z 世代"也在更早的人生阶段获得拥有高端品牌的经历，在这种环境滋养下，获得幸福感、满足感成为"Z 世代"的主要追求，而消费则变成"Z 世代"最直接获得当下满足感和幸福感的主要方式之一。

泡泡玛特并未将自己定位于功能性产品，而是定位于感性消费品。而感性消费品恰恰满足了"Z 世代"用户这种悦己的情感性诉求。人在面对纯感性主题的消费时，往往会产生更多的复购行为。

"Z 世代"人群注重消费体验，更愿意为情感消费与精神消费买单；愿意尝鲜、尝新、尝试，对于定位于这个人群的新品牌、新消费的产生积蓄了大量的机会。

泡泡玛特把握住了"Z 世代"人群的消费观念，赶上了这趟车，通过持续增加风格、款式、玩法、销售方式等途径给了用户"不断更换选择"的消费动机，那么就可以产生更多的消费场景，刺激更多的消费需求产生。

摸透"Z 世代"人群的消费观，正成为新商品、新消费企业的重要目标。

2. IP 产品是泡泡玛特的壁垒

泡泡玛特在潮玩市场能取得如此佳绩，离不开首席 IP——Molly 的贡献。

Molly 上市后，市场的表现也一鸣惊人。而开局的成功，让泡泡玛特找到了一条从渠道商转型为 IP 运营方之路，渠道商只是终端，而 IP 运营却将更多的主动权抓到了手里。

IP 运营的成功，也让许多艺术家纷纷寻求合作。泡泡玛特发现了 IP 对于其发展的重要性，于是在 2017 年聚焦并打造自身强大的 IP 库。而在此基础上，也催生了泡泡玛特的 IP 经济，而 IP 经济的本质就是粉丝经济。

粉丝经济以情绪为核心，以用户为主角，从用户的情感出发，粉丝不仅对泡泡玛特的产品有着浓厚的兴趣，而且对其有较为深入的了解，黏性非常高，消费需求有长尾效应。粉丝经济的发展让许多的企业意识到：粉丝对于产品的情感投入其实是一种宝贵的情感资本，这种情感资本是产品的功能性无法替代的，且能产生持续长久的情绪依赖。而泡泡玛特借用 IP 催生了粉丝经济，提升了与用户之间的黏性，也让产品具有终身链接用户的价值。

泡泡玛特的产品矩阵分为 4 块：盲盒、手办、BJD（球形关节人偶）、衍生品。4 块产品矩阵分别对应 4 种价格区间，吸引不同价格偏好的用户，既能横向覆盖，亦能纵向覆盖，包含各类长尾效应的粉丝群体。

IP 产品构筑起了泡泡玛特抵御竞争的“护城河”，在产品的战场上打了漂亮的一仗。

3. 盲盒营销：离钱近，离事远

一个好的商业模式就是：离钱近，离事远，争取做到“不劳而获”。

而泡泡玛特采用盲盒营销的模式，就做到了前两重境界：大方向由用户喜好来引领，但品牌生产什么产品，市场就卖什么产品。

一个系列的产品有多套，分别由12个不同的基础款组成，隐藏款和特别款潜藏在其中，但是用户不能挑，哪怕买重了也概不退货。

这样的好处是：

◎ 不同的款可以用同样的包装，又省事又省钱；

◎ 可以快速发货，省却识别成本；

◎ 不支持无理由退货退款，有瑕疵也只能换同样的，当然，这也是当下泡泡玛特被用户和行业较为诟病的一点；

◎ 产品中的隐藏款和特别款，也成了泡泡玛特商业模式中最为出彩的设计。

当基础款多而又欠缺了某个产品型号时，这个型号就会具有资产属性，可以产生高的溢价，给用户物以稀为贵的感觉。而对于玩家来说，只要他缺少这个款，就会因想要买齐整套而不断购买，一旦拥有将提升其专业玩家的身份。这也是我们前面说到的“消费为人设”。

因为稀缺性的存在，又制造了一个很难挑出毛病的饥饿营销。饥饿营销自产生以来就受到很多诟病，用户纷纷指责品牌故意制造出一物难求的假象，而泡泡玛特的这种方式却高明许多，用隐藏款和特别款给予用户不断复购消费的动力，同时也巧妙地隐藏了饥饿营销的手法，给用户端的感受更好，甚至被认为是理所应当的。

同时，盲盒的玩法也助长了其社交功能，而这种社交功能又反推了盲盒市场的增长，持续循环的开盲盒所带来的小惊喜贯穿在体验过程之中。

盲盒带来的乐趣，正如电影《阿甘正传》里的经典台词一样：“生命就像一盒巧克力，结果往往出人意料。”

盲盒模式不但出人意料，还让用户对这种出人意料持续上瘾。

4. 线上 + 线下渠道，打造强销售网络圈

想让用户买你的产品，就要让用户随时随地看到。

除了 IP+ 盲盒的玩法，泡泡玛特更是建设了其强大的销售渠道，布局线上线下全渠道销售网络，线下零售店、机器人商店，线上各种电商渠道、众多批发商进货，海陆空全方位布局，打造超强的玩具销售网络圈。在众多潮流玩具中，泡泡玛特的出现频繁、曝光率极高，随处能看到，随时能买。

在这些销售渠道里面，泡泡玛特在线下的点位占据非常密集，因为线下店的体验有着更强的刺激作用，能全面调动起用户的视觉、听觉、触觉。

但是线下店的运营成本持续高企的问题，也是当下线下实体店面临的普遍问题。泡泡玛特开始铺设自助售货机，以更快速度渗透至开设实体门店把握度不高的地方，既可以测试市场，也可以补充市场，一举两得。

其实自助售货机在日本已经是非常成熟的销售方式，只不过在中国还需要进一步培养市场的消费习惯。

再来看看泡泡玛特的线上成绩。2019 年，泡泡玛特天猫旗舰店营收 2.51 亿元，微信小程序泡泡抽盒机从 2018 年 9 月推出后仅 3 个月便实现 2300 万元营收，2019 年全年则快速增长至 2.71 亿元。

除了外部渠道的流量外，泡泡玛特还推出了葩趣，一个自有的粉丝线上社区。但葩趣毕竟是一个小众垂直领域的平台，目标用户虽然精准，但有一定的限制。

从总体来看，尽管泡泡玛特的线上流量增长迅速，但线上的流量更多发挥的是部分增量以及为线下实体店引流的作用，基于盲盒的特性，线下实体店才是其最主要的市场。

因此，线下实体店作为主盘、线上电商作为强补充，为泡泡玛特构筑了一个全方位的渠道网络。

本节小结

潮玩赛道不是没有人走，但泡泡玛特走出了不一样的姿态。

泡泡玛特对于“Z 世代”人群情感消费诉求捕捉得非常精准，用 IP 打造了行业壁垒，把盲盒做到了极致，用一根针顶破天，且线上线下全方位布局销售渠道，形成了一个在用户端、产品端、营销端、渠道端都很强劲的新商业模式，而在这四大战场上的表现也足以与同赛道上的其他品牌抢夺用户心智。

泡泡玛特会不会只是泡泡？后起者会不会追上它？现在还不宜早下断言。任何新的商业模式从一诞生，就会受到市场的各种猜测与关注，而任何商业能够持续发展的根本，都脱离不了用心为用户提供好的产品、好的体验，换取好的用户口碑，来占领用户的第一心智。

要点提炼

1. 泡泡玛特定位的品类是“玩具”大品类中的“成人模型玩具”这个子品类，其特性是“艺术 + 潮流”，把自己打造成了一个感性消费品，而非功能性消费品。为了证明自己“艺术 + 潮流”的特性，泡泡玛特签约了大量的艺术家和设计者 IP，也通过潮玩展会让用户与艺术家、IP 走得更近。

2. 泡泡玛特定位成功的原因：抓住了“Z 世代”用户群的情感、圈层文化消费诉求；IP 产品是泡泡玛特的壁垒；盲盒营销：离钱近，离事远；线上 + 线下渠道，打造最强销售网络圈。

课后作业

请你根据泡泡玛特的定位分析，找到一个潮玩或者玩具品牌，尝试对其定位进行分析和拆解。

- 选择品牌：________________
- 分析拆解：________________

____

____

____

____

____

学习加油站

1. 想要获得更多表格工具及学习资料，请关注微信公众号“刘芳在想”，回复关键词“流量”获得超200页的PPT学习资料包；

2. 关注微信视频号“刘芳在想”可观看更多精彩课程视频；

3. 添加个人微信号“fairy158158”交流。

1.4 KKV：中国版解忧杂货铺，如何成为集合店独角兽

一个好的商业模式的兴起，必然是旧的商业模式已然不适应时代的发展。

有个段子这样形容 KKV：如何检验男友是否爱你？标准就是能否为你去 KKV 排队买单。

小红书 APP 上甚至有这样的解读：如果没有去过 KKV，就称不上一个合格的网红点打卡专家。

传统集合店，如万宁、屈臣氏的日子现在似乎有点不太好过，贴身催命式推销、干预式服务、商品无“新奇特”、除了卖卡还是卖卡等，成了年轻人口中对传统集合店诟病不已和“用脚投票”的理由。

万宁大规模撤店，屈臣氏中国区销售额锐减。“这世界变化快，不是我不明白”，这句歌词放在这两家名噪一时的巨头身上，却变成了：“这世界变化快，但我不想醒来。”

传统集合店的日子虽不好过，但是充满设计感和场景感、不打扰、品类迭代快的新型集合店 KKV 却备受用户追捧，甚

至成了网红店。

当我们看到一个以线下实体店发展为主的新零售业态在竞争激烈的赛场上脱颖而出，在短短时间里展现惊人的数据时，不得不思考：面对巨头深耕多年的零售业态，KKV 靠什么在这么短的时间里成了被用户追逐、被资本看好的新型集合店独角兽？

要杀出巨头零售业的围剿，KKV 如何定位？如何做出差异化？

与产品品类不同，零售业态是一种渠道品类，而渠道品类有三大特征：

◎ 便宜：可比商品的价格有竞争力；

◎ 便利：从物理距离上来说离用户近或者可以在短时间内送货上门；

◎ 特色：找到一个特定的人群，提供符合这个特定人群所需的选品。

如果能够在这三大特征里找到一个点并专注地打下去，就有机会攻破竞争围墙。而 KKV 通过主打“特色”这个特征优雅地切入了赛道。

KKV 属于“渠道品类”里可以直接面向用户销售商品的“一阶渠道”，特性为主张“精致生活方式”。而为了匹配其提倡的“精致生活方式”的特性，KKV 的门店以集装箱为整体的设计基础，多达 2 万 + 的 SKU（单品）覆盖了 14—16 个精致生活的主题品类，具有超强识别力的集装箱主题主力店，在店内的设计也充满了“精致生活”的味道：潮流创意空间中具有个性的色彩搭配给用户带来强烈的视觉冲击力，而在卖场场景的布置上也充满特色与设计的美感，如彩虹文具塔、彩虹楼梯、积木柱、糖果柱、饰品幕墙、美妆蛋墙、通天红酒柜、沐浴球墙、红酒墙等，这些已经超出常规同业态的卖场场景设计，以震撼的视觉力和场景感吸引着用户，每一处的设计都让用户眼前一亮想一探究竟。

KKV 的定位明确、发展迅猛，综合来看得益于以下几点。

1. 抓住年轻女性用户的消费观

目前市场上主打商品集合店的品牌有无印良品、名创优品、NOME（诺米）、屈臣氏等，每个品牌的形象、产品、风格亦各有千秋。

但是，直接瞄准了年轻人这个群体的，KKV 可谓是一枝独秀。

KKV 的用户定位是 14—35 岁的年轻人群体，用户中 85% 是女性，这一类的人群画像是：年轻、热衷彩妆和饰品消费、关注性价比、敢于尝新。

针对这样的用户画像，KKV 这个网红新零售业态要具备哪些特点才能打动她们呢？主要有以下两点：

第一，颜值高。在门店形象方面，KKV 品牌有显著的设计风格。集装箱设计、明亮的大黄色，让店内外十分具有设计感。店内的陈列也在设计上做足了功夫，有饰品墙、面膜墙、口红墙、红酒墙等货品堆砌的墙面，所有的陈列展示均按照色系严格划分，给人强烈的视觉冲击力。

而因为颜值够高，KKV 成了年轻人爱去的打卡拍照发朋友圈的热门地点，这在很大程度上节省了品牌的营销费用。每一处的设计都能让用户产生自传播了，在营销费用上当然能节省不少。马斯克一年能为特斯拉省下高达亿元的营销费用，就是其自带 IP 属性、话题性、营销爆点的结果。

第二，快时尚。KKV 的买手以“Z 世代”用户的生活方式为商品选品的核心，商品以进口 + 国潮为主，当下流行什么就引进什么，用数据说话，让用户做选择来决定商品的去留。

但是用户的喜好倾向也带来了一个不可避免的问题，就是年轻人对于商品品牌的忠诚度不够高。商品与用户之间的匹配度与适销性仍然是其核心，如果能够持续提供符合用户要求和喜好的商品，用户对商品的忠诚度不高似乎也不是问题，但是这对 KKV 的选品团队就提出了不小的挑战。

“铁打的店，流水的商品”，目前来看，KKV 恰恰能够解决用户的这个痛点。

2. 保持商品的核心竞争力

对于零售业来说，商品是其核心竞争力。而 KKV 能走多远，主要取决于它的商品核心竞争力能保持多久。

KKV 的商品总体来说是三个字：新奇特。即新品迭出，奇思妙想，特有个性。而这三点，极大地符合当下年轻用户的消费心态：为社交消费、为人设消费、为情感消费。

新：KKV 创始人产品经理的出身背景，使得团队能非常敏锐地基于大数据来倒推业务，而根据大数据的动态监测结果，保持每月每店上新 500+SKU，每年淘汰近 7000 个 SKU，不断迭代的商品给到用户相当强的刺激，用户到店找新品这个过程本身就是“遇见惊喜”。

奇：KKV 的 SKU 超过 2 万个，其中 40% 属于定制化产品。比如，与韩国的洗护用品品牌“吕”合作定制了一个 100 克的小包装就非常有特色。当代年轻人单身比例高，一人生活成了常态，大包装产品虽然量大耐用，但是不符合年轻人的消费习惯，所以定制类的商品更契合单身经济的需求。

特：KKV 也会选择一些新锐的产品，如单身狗粮、拉面说、养生茶包等。当代年轻人形成了一种独特的亚文化情绪，当商品的调性符合 KKV 的风格，又吻合用户的消费诉求时，这类商品就会在销售上表现出极旺盛的生命力。

KKV 每月上新的产品经过选品—到店—测试—留存 4 个步骤。通过漏斗式的商品选择，让留下的商品更符合 KKV 用户的需求。

而高频的商品迭代，也让用户保持不断追“新”的动力。

3. 布局于核心商圈为品牌影响力加速

KKV 以开设线下实体店为主，在各大核心商圈的黄金位置，KKV 那明黄的“集装箱”门面显得格外引人注目。

相比电商而言，实体店可以提供声音、图像等所有感官刺激。一家食品店可以让用户现场品尝美食，一家手机店提供的手机可以供人触摸把玩，一家美妆店出售的美妆可以让用户试色试款，一家鞋店可以让用户试鞋的高度和舒适度，等等。

KKV 线下实体店通过颜色、场景、商品、试用，调动用户视觉、触觉的感官体验，这是电商平台无法提供的。

所以，实体店最重要的意义是：**对用户而言，购物前的产品体验是非常重要的环节，这是实体店最核心的优势，也是与线上竞争的防火墙。**

截至 2020 年 11 月，KKV 在全国一线城市 A 类购物中心拥有 300 多家 1000 平方米的超大集合店，在购物中心刮起一阵“集装箱”风潮，成为现象级人气“新物种”。

但在 KKV 诞生之初，业内人士普遍认为这个新零售业态有点“看不懂”。KKV 将一个个“看不懂”的不可能变成了可能，从广东快速走向全国，实现了从 0 到 N 的蜕变，而这也引来越来越多购物中心主动向其伸出橄榄枝。

KKV 的选址特征，包括以下几点：

◎ **主攻一、二线城市群：** KKV 的目标群体在一、二线城市更为活跃；

◎ **新老购物中心布局结合：** 新兴购物中心定位年轻、时尚，与 KKV 的品牌调性吻合，老购物中心也要更新迭代，都倾向于引进 KKV 这类新兴、跨界、年轻的品牌，吸引更多的年轻客群；

◎ **交通便捷：** 核心商圈能带来更多的商业与人群聚集效应，这也是 KKV 这类新零售品牌关注的核心指标。

而 KKV 的品牌颜值与吸粉能力，是购物中心的核心关注点。好看与自带流量属性，就能为商圈加分不少。

在物质相对富裕的时代，消费需求从物质消费转化为空间消费、场景消费、情绪消费、人设消费、社交消费。在任何一种线下实体的商业空间中，引入有“流量器”作用的 KKV 们，对聚流量、转化、消费行为的改变作用，也越来越明显。

本节小结

KKV 锁定年轻女性用户，定位于渠道品类的“一阶渠道”，主打“精致生活方式”，打造超高的店内店外颜值，构建起精致生活的各大场景，并以超同业态的视觉化陈列设计让用户趋之若鹜，提供“新奇特”的商品让用户产生惊喜感，而其布局于核心商业圈也为品牌影响力加速。

KKV 还有哪些可能性？我们不得而知，但是一个有价值的品牌，会以用户需求为先，忠于自己的定位，并坚定不移地走下去。

要点提炼

1. 零售业态是一种渠道品类，而渠道品类有三大特征：便宜——可比商品的价格有竞争力；便利——从物理距离上来说离用户近或者可以在短时间内送货上门；特色——找到一个特定的人群，提供符合这个特定人群所需的选品。

2. KKV 的精准定位源于：抓住年轻女性用户的消费观、保持商品“新奇特”的核心竞争力、布局于核心商圈为品牌影响力加速。

课后作业

请你根据 KKV 的定位分析，找到一个新零售品牌，尝试对其定位进行分析和拆解。

➊ 选择品牌：________________________________

➋ 分析拆解：________________________________

____

____

____

____

____

学习加油站

1. 想要获得更多表格工具及学习资料，请关注微信公众号“刘芳在想”，回复关键词“流量”获得超 200 页的 PPT 学习资料包；

2. 关注微信视频号“刘芳在想”可观看更多精彩课程视频；

3. 添加个人微信号“fairy158158”交流。

TRAFFIC
MONETIZATION

02

第二章 用户思维

本章要点

2.1 以用户为中心深挖需求，带来新商业机会

2.2 蔚来：用户思维的另类解读，用数字科技链接用户情感

2.3 腾讯：独特的“蘑菇思维”，站在用户角度思考

2.4 小米：让用户参与产品开发与改进，获得参与感与成就感

2.1 以用户为中心深挖需求，带来新商业机会

诺基亚、摩托罗拉，这些曾经名噪一时的国际品牌，说倒下就倒下了。传统的卖方思维，缺乏对用户需求与变化的深度分析，对品牌带来的危害已经不言而喻。

这里面，有已固化知识的诅咒，也有耐心的用户教育的缺乏，更有测试环节的缺失等各种因素的综合，但是，市场就是这么现实，用户等不及你改，就“用脚投票”了。

忽如一夜春风来，人人都开始喊着要有用户思维。

用户思维其实并非新鲜名词，不过什么才叫用户思维呢？

简单来说，**用户思维就是以用户为中心，站在用户的角度去思考问题，结合用户的使用场景、需求等，揣摩用户的想法**。品牌以用户为中心升级产品，而非仅以产品为中心，不考虑用户使用产品的场景与能力等。

马化腾说过，“产品经理最重要的能力是把自己变傻瓜”，周鸿祎也提出，“一个好的产品经理必须是白痴傻瓜状态”。而很多产品经理因为自己长久积累起来的行业知识，往往很容易造成“专家模式”在线。一个产品经理如果能够随时将大脑从“专业模式”“专家模式”切换到“用户模式”或者“傻

瓜模式”，就是用户思维的体现。

用户思维的具体表现有哪些呢？

比如：一个单身人士打算晚上去买个西瓜，可是西瓜太大了，一个人吃不完，买回来放到冰箱里也容易坏，商家面临这种情况该怎么做才好呢？

没有用户思维的普通商家：没办法，我家只有这款西瓜，用户只能买一整个；实在觉得这样的用户不能流失，就增加了小型的西瓜品种多囤点儿货卖；或者只能等家庭型的用户购买。

有用户思维的高手商家：把大西瓜切成小块，按盒卖；或者将几个色彩丰富的水果切块，拼成漂亮的水果沙拉拼盘，还能让用户回家后摆拍发朋友圈以获得“会生活、很精致”的好印象；又或者搞个在线拼团，4 人拼 1 个西瓜，解决单身用户购买西瓜时的难题。

高手商家就展现了极强的用户思维，因为这里有两个关键点：

◎ **成就了用户**：让用户可以买到想吃的西瓜而不需要担心一个人吃不完，或者囤太多容易坏，甚至因为提供的产品精美还满足了用户拍照发朋友圈，且在朋友圈里拥有“会生活、很精致”的口碑的需求；

◎ **升级了用户**：因为体验好，将西瓜切块盒装销售除了可以满足用户一个人的消费需求，用户还可能拉着同事一起拼，如 4 人拼 1 个西瓜或者水果沙拉拼盘，不但满足了更多用户的功能性需求，还能覆盖他们的社交性需求，更能为单店带来更多的客流以及客单价的提升。

那商家到底该如何成就用户、升级用户呢?

1. 降低用户应用产品时的门槛

没有卖不出去的产品，只有不会卖产品的人。有用户思维的商家会帮助用户降低消费时的困难。西瓜太大，就分成盒装卖，再延伸出水果拼盘、线上拼团，降低用户的消费门槛，用户觉得体验不错还会宣传商家的这项特色服务。

2. 提升用户在消费时打怪的技能

一般商家会跟用户说：我家西瓜汁多、甜。这种宣传对用户来说，往往有很强的夸大嫌疑，用户还会说一句：不好吃就找你退。

高手商家会说：来，我教你怎么识别不好吃的西瓜。其实商家是在用这种方式提升用户的识别能力。而用户如果选择到了好的西瓜，就会认为自己真棒，这商家也专业。再不济，用户选择到不好的，也不会过分责怪商家。

我负责 C 端线上商城平台开发的时候，就经常对产品经理们说：我们要做的是将自己放到用户的角度上去体验这个产品，用户获得产品时会遇到哪些“天堑”无法跨越、会不会看不懂提示、操作顺不顺滑等，这些都是阻碍用户的拦路虎与绊脚石。与其奢望用户自己避开，不如在产品开发的时候，我们帮用户思考清楚。

其实，用户爱的不是产品，也不是品牌，更不是公司，而是爱变得更好的自己。

用户思维带来的最好效果就是：**让用户体验好，让用户变成更好的自己，这样用户就会大声说出来，带来免费的自传播，省下品牌的营销费用。**

但是用户思维说起来容易，做起来却容易回到本位主义。在用户思维上，蔚来、腾讯、小米都是极佳的品牌代表，我们来看看它们是如何从用户中来，再回到用户中去的。

学习加油站

1. 想要获得更多表格工具及学习资料，请关注微信公众号“刘芳在想”，回复关键词“流量”获得超 200 页的 PPT 学习资料包；

2. 关注微信视频号“刘芳在想”可观看更多精彩课程视频；

3. 添加个人微信号“fairy158158”交流。

2.2 蔚来：用户思维的另类解读，用数字科技链接用户情感

原来的你对我爱搭不理，现在的我让你高攀不起。

用这句话来形容蔚来市值在2019—2020年如坐过山车般的跌宕起伏可谓再贴切不过了。

“活过来”的蔚来，给我们带来了更多关于“用户拯救品牌”的思考。

2020年9月17日，美国权威机构J.D.Power（君迪）发布了2020年中国新能源汽车体验研究报告，该报告中显示：在纯电动车市场品牌新车质量排名中，国内造车新势力蔚来超过了特斯拉，位居第一。

可对于蔚来来说，却真真切切地感受到了什么叫“冰火两重天”。

就在2019年7月，新能源汽车品牌销量首次呈现负增长态势，因为多数车企采取了赶在补贴退坡前突击上牌的促销活动，“透支”了销量。补贴退坡带来的市场反应对于整个电

动汽车行业来说，简直就是一个寒冬。

而补贴的潮水退去之后，谁在裸游就一目了然了。

现金流就是命根子，蔚来在这种情况下也逃不过现金流短缺的命运。所以，2019 年的蔚来的确过得十分艰难，员工减少、股价跌至冰点，甚至有人说蔚来扛不下去可能要退市了。

蔚来创始人李斌在接受央视采访时表示：在这样的危急关头，也没有资本主动伸出援手来拉蔚来一把。但蔚来能活，“归根结底，我们的用户在那个时间点没有放弃我们，我真的是非常非常感谢他们”。

他同时还感谢了资本的不救之恩。

如果说用户能够在品牌面临危机时不离不弃，蔚来确实为汽车行业做了一个好榜样。忠诚的用户，让蔚来没有成为时代弃儿。

从 2019 年的命悬一线，到 2020 年的销量不断攀升，蔚来的市值猛升超出了所有人的预料，这样的故事情节比小说还精彩，而这样的大转折，蔚来仅仅用了一年时间。

人们不禁要问了：为什么用户会拯救蔚来？

用李斌的话来说就是：只要有人去买你的产品、你的服务，用户的口碑还在那儿，我想这样的公司，它没有理由失败。

蔚来的用户至上理念，充分地体现在它的产品设计以及用户运营策略中，其中有以下几个非常具有代表性的设计及运营策略。

1. 副驾驶优化设计

驾驶过传统燃油车的人应该清楚，在大多数车辆上，副驾驶位置的手套箱一直是尴尬的存在，虽然储物空间是必须有的，但是它挤压了副驾驶的空间，在实用与舒适之间一直没有一个平衡的做法，难以做到两者兼顾。

但是在蔚来的 ES8 车型上，这个手套箱的位置被取消了，取而代之的是一个半电控的脚踏板，让乘坐者有轻松伸直腿部的空间。ES8 省去了换挡杆传动部分，将扶手箱下面的封闭空间解放出来做成容积可观的储物空间来满足储物要求。

传统的交通工具变成了一个别出心裁的“体验型产品”，这点设计首先就很好地打破了传统车企固有的框架与模式。

2. 专属的“女王模式”

另一个亮点就是副驾驶的“女王模式”，虽然“女王模式”被专业平台诟病一定要解决安全带固定位置的问题，但是这个功能简直让乘坐者拍案叫绝，腿部有了专门的“靠垫”，还可以根据人的舒适度进行调整，堪称众多汽车品牌中极具人性化的设计典范，也更加体现了蔚来以用户为先的设计理念。

3. 优异的人机交互

这款车在人机交互的设计上也构思独特：Nomi Mate，它是一个能够感知用户存在的智能设计。

在 ES8 之前，我们常规接触到的汽车品牌，从来没有汽车产品为一款车赋予感情和温度，所谓的人车合一也只是在人与车经过了时间的磨合后才会升华的感受。

但是在 ES8 上，“Nomi Mate”会有表情 + 想法，还能根据指令发出者所在的方向，或者传感器传来的信号位置，把“头”转向特定的方向，体验它对用户的“感知力”。

“Nomi Mate”的出现，在冷冰冰的机械产品和终端用户之间架起了一座充满温度的桥梁，汽车这种向来硬朗的大块头现在也有了可以表达喜怒哀乐的人工智能，这是科技让生活更美好的价值体现。

4. 独特的换电服务

提到新能源汽车的续航问题所带来的焦虑感，一定是每一位用户头疼的事情。面对这样的问题，蔚来可谓是极有领先意识。

蔚来提供独有的换电服务，电池可随意更换，5—8 分钟就可以换好一块满电的电池，不用再去担心电池续航衰减的问题。除城市外，蔚来也在多条高速上布局换电站，是一个非常方便用户的举措。

如果说改良副驾驶空间、增加“女王模式”、优异的人机交互是锦上添花，那么抓住用户对新能源汽车的充电痛点，将用户在使用产品时会遇到的困难降低，甚至尽量做到无感，这种用户思维就近乎极致。

5. 建立线下用户链接社区

牛屋是蔚来与车主们进行链接的最重要的地方。很多人在这里见到了蔚来创始人、董事长、CEO 李斌，在这里聆听了许多知名人士的讲座，也有很多人在这里参加健身等各类兴趣社团、召开会议、举办派对、过生日会，甚至只是过来坐坐，静静地看一本书或者喝一杯茶，享受在牛屋的当下时光。

传统汽车用户购买汽车之后，与汽车销售商的联系就很微弱了，除了维修保养之外，很少会再次回来，这让品牌与用户之间的联动只有纯粹的售后服务。而蔚来明白：现在的品牌竞争，不仅仅是产品端的竞争，更是超越产品端的用户竞争。在纯粹的买卖后，蔚来与用户仍产生如此深度的链接，为用户提供用车生活的延伸和一种愉悦的生活方式。

6. 核心用户口碑传播

每年车展的蔚来展台，都会有一群“特殊”的人。他们不是蔚来的员工，也没有劳务费，却统一着装，耐心、专业地回答问题；除了车展，他们还活跃在蔚来每年的发布会、各大城市的门店和交付中心，他们被称为“车主志愿者”。

这群特殊的志愿者来自真正的车主，而勇当志愿者的原因很简单：自己用得很爽，就想告诉更多的人一起爽。

蔚来的老用户推荐率相当高，六成以上的新用户都是老用户推荐来的。这样高的老用户推荐率在汽车行业里可谓少见。

让用户告诉用户，是最有效的说服。

蔚来的用户思维折射到其产品的设计上，无一不在给用户传导“我懂你，选择我没有错”的信息。每一个功能、服务的植入，都让用户从心里因这个功能、服务感到喜欢、舒适，而真正使用了这些功能和服务之后，更能让他们觉得自己拥有了别人没有的功能和服务，生出了无限的乐趣，更让他们产生向朋友、亲人传播的动力，以获得因为产品“自己变得更好”的印象。这个背后，就是用户思维的体现：用户不是爱产品、品牌、公司，而是爱变得更好的自己。

反观诸多的传统汽车制造商，喊着要有用户思维，却可曾想过各种用户在实际驾驶过程中的内心感受？仔细体会过用户在使用产品时的“心境”？思考过用户在使用时遇到的问题？甚至考虑过将产品的体验延伸到服务的体验？

未来的产品竞争不再只纠结于功能性层面的竞争，而是聚焦于用户体验的提升、价值的提升、社交的提升。

产品是代表品牌与用户进行接触互动的，如何通过这种接触的过程给用户留下最深刻的体验，帮助用户变得更好，这才是强大自身市场竞争力的核心要素之一。

又或者说，未来的竞争是让“我们的用户”比“别人的用户”更出色。只要使用了我的产品的用户，就能比竞争对手的用户更高、更好、更强大。“更”是什么呢？“更”是一种淘汰，你比他更强大，你就淘汰他了。所以当我们将角色转换过来，就会明白哪里是切入点了。

本节小结

蔚来已经探索出了数字科技和温暖情感之间的虚拟边界，并通过这种新的探索，一步步实现成就用户、升级用户的使命，让蔚来的用户比别人的用户更好，而这些基于用户思维产生的创新和创意，为蔚来孕育出新的生命和商业契机。

蔚来作为一个全新的汽车品牌，虽在设计上仍有提高空间，但在用户理念上已经比很多品牌的步伐迈得更快。

要点提炼

1. 用户不是爱产品、品牌、公司，而是爱变得更好的自己。

2. 蔚来的用户思维：提供了副驾驶优化设计、专属的“女王模式”、优异的人机交互、独特的换电服务、建立线下社区加强与用户之间的链接、核心用户口碑传播。

3. 未来的竞争是：让“我们的用户”比“别人的用户”更出色。只要使用了我的产品的用户，就能比竞争对手的用户更高、更好、更强大。

课后作业

请你根据蔚来的用户思维分析，找到一个汽车品牌，尝试对其用户思维进行分析和拆解。

➤ 选择品牌：________________

➤➤ 分析拆解：________________

____

____

____

____

____

学习加油站

1. 想要获得更多表格工具及学习资料，请关注微信公众号“刘芳在想”，回复关键词“流量”获得超 200 页的 PPT 学习资料包；

2. 关注微信视频号“刘芳在想”可观看更多精彩课程视频；

3. 添加个人微信号“fairy158158”交流。

2.3 腾讯：独特的“蘑菇思维”，站在用户角度思考

腾讯深刻地明白，品牌并不是孤立存在的，它处在整个社会环境之中，与社会中的每一个人都有着千丝万缕的联系，既不可能脱离社会独自生存和发展，更对社会有着不可推卸的责任。

如同大自然的生态系统一般，你在获得利润的同时，也要承担一定的责任去反哺社会，甚至多关注一些特殊的弱势群体，这样才能使企业得到持续的发展机会。

腾讯的业务相当多元化，而在这些业务当中，与用户接触最为紧密、使用最为高频的当数 QQ 与微信。

中国人口已超 14 亿，根据 2020 年腾讯第三季度财报公布的新数据，QQ 智能终端月活跃账户数为 6.17 亿，微信及 WeChat 月活跃用户则达 12.1 亿。这样的用户体量，不禁让人咂舌。

如果说只是一个通信工具，那为什么其他的通信工具已悄然息声？到底是什么让腾讯旗下的两大平台具有如此庞大

的用户体量？

腾讯副总裁、天美工作室群（代表作之一：《王者荣耀》手游）总裁姚晓光在一篇文章中的一段话也许能帮我们揭开这个谜底：像“蘑菇”那样思考。

关于“蘑菇思维”有一个温暖的故事：有个精神病人，每天什么都不做，就打着一把伞蹲在一个角落里，别人来架他走也不反抗，天天在那儿待着，所有医生都觉得这个病人没救了。一天，一位心理专家拿着一把一模一样的伞蹲在他身边，什么都不说。一个星期后他终于忍不住向专家凑了凑，说了一句话：“难道你也是蘑菇？”

这个故事虽小，细细一品，我们可以发现其中的奥秘：其实“蘑菇思维”就是腾讯站在用户角度思考的思维方式。

每个用户都有自己独特的喜好、习惯、价值观等，而在产品开发的过程中，这些“不可思议”的用户所表现出来的态度、行为可能与产品经理们所想的完全不一致，让他们不能理解的事情也一定非常多。如果不知道用户产生这些“怪异行为”背后的原因，是根本不可能做出用户愿意使用和愿意传播的产品的。

怎么办？那就要潜入用户的世界，跟他一起，做一只蘑菇，才能了解用户真正的所思所想和行为表现。也只有在理解用户的想法以及了解用户在实际应用过程中的问题之后，才能为用户提供极致的产品去满足用户的需求。

而极致的产品才会带来极致的口碑传播。

在本节中，我想带大家了解 QQ 为一个特殊群体——视力障碍人士所做的努力。在了解 QQ 为视力障碍用户做了什么之前，我们先来了解一个专属名词：信息无障碍。

信息无障碍是指任何人在任何情况下都能平等地、方便地、无障碍地获取信息、利用信息。

健康人士在信息无障碍的获取上自然有着得天独厚的优势，但并不是所有的人都有这样的机会，其中视力障碍人士尤为困难。

而视力障碍的人士有多少呢？

中国盲人协会官方网站数据显示，中国是世界上盲人最多的国家，目前的视力残疾人数达 1731 万。而且有调查显示：30% 的视力障碍人士选择不出家门，而出现这样的情况，在很大程度上是无障碍设备等各方面软硬件不完善所致。

可是，互联网世界对视力障碍群体不见得那么友好，因为信息无障碍获得的最大难点在于：

◎ 读屏软件难以读出全部内容；

◎ 软件间难以完全兼容；

◎ 图片信息难以被获取；

◎ 验证码的验证难以操作；

◎ 软件升级后无障碍功能难以使用。

仅凭这些，就足以让视力障碍群体对互联网敬而远之。

腾讯 QQ 为信息无障碍做了什么？

腾讯 QQ 早在 2009 年就开始推进产品无障碍改造，到目前为止，QQ 无障碍功能基本满足了视力障碍人士的在线社交需求。

视力障碍人士在 QQ 的环境中，使用非常高频的功能包括：发消息、浏览看点、访问 QQ 空间，甚至也会尝试厘米秀、探索小程序等功能。

他们对于这些功能的应用，在很大程度上颠覆了我们对视力障碍用户的理解和认知。其实在他们的 QQ 世界中，对于社交的需求远比很多人想象的要丰富多彩。

针对这一特殊群体，QQ 已实现 2425 个无障碍特性，全年超 6000 万人次使用。

在 QQ 无障碍的功能设计中，以下的优化特别具有代表性。

1. 通过声纹添加好友

可以想象，如果双方都是视力障碍群体，在互加对方好友时会面临输入困难的情况。正常人需要打开添加好友的功能键，然后输入数字，这对于视力障碍用户来说简直就是拦路虎。手机 QQ 针对这点进行了重点优化，让视力障碍人士只需要长按，即可利用声纹识别完成添加好友的操作，简单又方便。

2. QQ 表情读取

对于 QQ 表情，视力障碍者无法判断其内在含义，但是视力障碍人士对于表情的运用又十分高频，所以 QQ 实现了表情的读取，向视力障碍人士说明表情含义，帮助他们降低信息接收，尤其是表情信息接收的难度。

3. 语音发红包

发红包是一个需要防范风险的功能，所以非视力障碍者发红包需要多步操作，但是红包已经是重要的社交方式之一，QQ 对此也进行了重点优化，对于视力障碍人士来说发红包也简单了：只需要选择“语音红包”，输入语音口令、金额、塞钱，即可完成。接收者也只需要输入语音口令即可，让视力障碍人士操作更简单化。

4. 验证码的操作优化

验证码的诞生主要是为了预防黑客和机器批量操作，而各种验证码五花八门就如天书一般，连视力正常的用户都难以辨识通过，更何况数千万的视力障碍者，QQ 帮助用户实现语音验证以减轻操作上的困难，让用户得以跨过验证码这条“天堑”。

5. 图片文字提取

这里特别值得一提的是 QQ 的 OCR（光学字符识别）图片文字提取功能，可以通过此功能提取出图片上的文字，帮助视力障碍人士更好地进行图片文字的识别。

6. 发消息、浏览看点、访问 QQ 空间

在应用 QQ 时，视力障碍人士会发消息、浏览看点、访问 QQ 空间，为了让他们的应用更加方便，QQ 在使用这些功能时结合了读屏软件，帮助视力障碍用户自如使用 QQ 里面的各种功能。

虽然无障碍化还存在一定的使用难点，但是从总体来说，多年来，腾讯 QQ 深入视力障碍人群的实际生活场景，了解他们存在的困难、需求，并不断改善视力障碍人群的社交体验，QQ 大部分无障碍功能都超过了市场的整体水平。

腾讯 QQ 无障碍功能从视力障碍人士的社交需求出发，帮助他们建立自信，获得尊重，为他们的梦想赋予更多的可能性。

天堑指天然形成的大壕沟。对于身体机能各方面正常的用户来说，跨越天堑尚且需要各项助力，更何况对于千千万万的视力障碍者。而如何帮助他们跨越天堑，既是对企业实力的考验，也是对企业初心的考验。

本节小结

“科技让生活更美好”在很大程度上只是相对的美好。

而“科技向善”的腾讯 QQ，真正用科技帮助更多的弱势群体能够在平台获得信息无障碍，创造了一个人性、平台、包容的网络环境，为他们打开了一扇新世界的大门。

用“蘑菇思维”潜入用户世界，以人心度人心，让社交与商业的边界模糊，腾讯在做的，都是让自己的用户变得更好，和别人的用户不同。而让自己的用户比别人的用户更好，成就了今日的腾讯社交帝国。

要点提炼

1. 理解用户的想法以及在实际应用过程中的问题，才能为用户提供极致的产品去满足用户的需求，极致的产品带来极致的口碑传播。

2. QQ 无障碍性的功能设计中，做了以下优化：通过声纹添加好友；QQ 表情读取；语音发红包；验证码的操作优化；图片文字提取；针对发消息、浏览看点、访问 QQ 空间等功能，结合读屏软件，视力障碍用户可自如使用。

课后作业

请你根据腾讯 QQ 的用户思维分析，找到一个互联网平台，尝试对其用户思维进行分析和拆解。

➤ 选择品牌：________________________________

➤➤ 分析拆解：________________________________

____

____

____

____

____

学习加油站

1. 想要获得更多表格工具及学习资料，请关注微信公众号“刘芳在想”，回复关键词“流量”获得超 200 页的 PPT 学习资料包；

2. 关注微信视频号“刘芳在想”可观看更多精彩课程视频；

3. 添加个人微信号“fairy158158”交流。

2.4 小米：让用户参与产品开发与改进，获得参与感与成就感

手机圈的话题可谓满天飞，几乎年年都要上演一部劲爆大戏：金立破产、魅族内讧、锤子解散、小米上市、华为崛起。

而真正能够让用户感受到备受尊重和参与感的，小米可以说是当仁不让的代表品牌之一。

2010 年小米拿着 3000 万元做手机，进入了全球竞争最激烈的行业。而彼时的国际手机市场上只有两大玩家：苹果、三星。而在中国市场上，小米入场时就有 300 家，到现在活下来的只有 20 多家。所以当时的小米入局，只身入狼群也好，挑战不可能也罢，勇气是十足的。

不管手机品牌排行榜上谁登了顶，谁名次下降，只要还在这个圈子里待着，谁都不敢说下一次的桂冠就一定能戴在自己的头上。

技术不断突破，用户越来越挑剔，一众手机品牌商因为

竞争一起导演了这部“我有你无，你有我优”的大战，这也让整个手机市场的竞争进入白热化。每年发布品牌排行榜的时候，人人都瞪大了眼睛看着谁夺了冠，谁垫了底。

小米自诞生以来，因话题不断被频繁刷上热搜，曾一度发展迅猛，高光加身。小米公司园区门口的飞猪雕塑，正是“站在风口上，猪都可以飞起来”的真实写照。

但是即使是飞起来的猪，也同样遇到了市场给予的现实重击。

在手机这么激烈竞争的领域，一个拿着3000万元就进入市场的创业公司，只用了两年半时间就做到了第一名之后，市场又给了小米狠狠的几个巴掌，但是小米继续书写了摔倒后爬起来的奇迹，其中的跌宕起伏也算是行业里逆袭的励志故事了。

尽管小米在经营管理上遭遇了三种困难——线上市场遭遇恶性竞争、专注线上而错过了县乡市场的线下换机潮、高速成长带来的管理挑战，但归根结底，产品力才是小米的天花板，这决定了小米的市场高度。虽然遇到了一系列的困难，但小米的发展势头依然足以碾压众多科技企业，我们似乎也看到了它成于手机但不止于手机的野心，也看到了小米冲破天花板的可能性。

市场份额的确是一个很硬的指标，但是任其市场份额怎么变，不可否认与忽视的，就是忠粉们对小米的追捧与期待。

“米粉文化”其实就是小米的用户文化，而这个用户文化是小米除了产品、营销之外绝对的核心竞争力之一。

雷军曾表示，小米的核心竞争力为：

◎ 米粉文化，和用户交朋友；

◎ 做感动人心、价格厚道的好产品；

◎ 铁人三项，即三项基本功：硬件 + 新零售 + 互联网；

◎ 实业 + 投资，用生态链完善产品组合。

从以上可以看出小米的用户思维、产品思维、商业思维和生态思维，小米不仅仅想做手机、做智能设备，而且要从产品商转变成平台，甚至打造小米生态链。

而无论是产品思维、商业思维、生态思维，其立基点均是用户思维。用户喜欢什么、需要什么，要如何让用户变得更好，让小米的用户与别人的用户不同，这才是小米思考得最多的问题。

一览小米官网论坛中的各种留言，用户们在这里可以尽情发表对米家产品的意见。

在一次“请查收你的小爱同学 2020 年度报告”的话题活

动中，可以看到用户晒出各种有趣的报告：

“2020年，你总共让小爱同学帮你控制了12298次IoT（物联网）设备，其中控制最多的是插座。”

“2020年，你总共让小爱同学帮你语音购物101次，打败了全国80.6%的用户。”

用户“我是你今生的唯一”说：“感谢小爱同学让我的生活不再枯燥乏味，每天都叫我爸爸让我开心。”

“TA说de”说：“告别996，好巧不巧去年年底是小爱同学陪我走过的第997天，不再996，我的愿望实现了。”

除了用户们对小米产品表达的爱意告白，还有各种花式吐槽的。换了一般的品牌在自己的官网上很难有这么大气的，但是小米不管好听的还是不好听的，照单全收。

比如：

“MIUI（米柚）稳定性那个问题雷总避而不谈，说明小米团队根本就没有打算实现MIUI的稳定性这一实际问题。”

“不要急着增加太多功能，先把MIUI流畅和省电做好！”

“小米可以和车来了这些软件合作吗？在负一屏快捷查询上下班公交。”

能这么大度地听取用户意见的品牌，的确少见，甚至有些品牌的官网都未曾设有与用户沟通的渠道，一打开官网首页，就是引导用户买买买，根本没有“社区论坛”的概念存在。

2021 年 2 月 1 日，雷军发布微博话题“雷军对话米粉”刷了一波屏：向所有米粉征集意见和建议。2 月 7 日，雷军邀请多位米粉参与线下交流，讨论小米的产品和品牌发展相关话题。

活动期间，雷军在与米粉的交流中透露，今年会有小米 MIX 4 新机发布，小米平板产品线已经重新启动，智能家居方面小米会加快与地产品牌、家装品牌合作。另外小米今年将扩招 5000 名工程师，并增加研发投入 30%—40%。

在微博上，雷军发布了关于此次见面活动的数据：在 8 天时间里，活动收集到了 25475 条来自米粉们的建议与期望，总字数超过 70 万字，话题阅读量超过 1.3 亿次，4.8 万人加入米粉顾问团，问题覆盖了各个方面。

雷军自己也在微博上回复称米粉们的话题太犀利了，还配上了搞笑的表情。

由此可见，**小米与用户的对话，是畅通的、包容的。**

传统的商业模式是产品导向：我生产什么，用户就用什么，这样的思维下必然产生产品滞销和产能过剩。而在互联网商业模式中，如果以用户体验为先作为基础，则变成了：用户需要什么，我才生产什么。而这样的思维也带来相应的市场表现：**因为源于用户，贴合用户的需求，所以生产出来的产品市场化程度很高，用销量就可以说明一切。**

乔布斯对用户体验更可谓是理解至深，他在设计中也强调过：主动接触你的用户，多交流沟通，多了解他们的特征和习惯。

小米没有高高在上的品牌姿态，而是主动弯下了腰，走近用户、倾听用户、满足用户。

虽然小米意识到了自己在发展过程中存在的产品问题，但是换个角度来看：只要用户还愿意发牢骚、吐槽，这对于一个品牌发展来说就是好的征兆，因为用户还是给了你足够的耐心、期盼与等待。

在没有互联网的时代，用户与品牌的信息是极度不对称的，而在信息不对称的情况下发生了用户投诉，企业也只能自认倒霉。以前的互联网传播没有这么广泛、方便，很多问题都在小范围中传播与消化，所以这样的传播速度与影响力并不足以影响品牌。

但是随着高度的互联化，信息呈病毒式扩散，形成了指数级别的传播，一旦出现不利信息，结果往往是致命的。

所以，小米的用户交互方式，在很大程度上将矛盾通过畅通的沟通方式进行内部消化，既增强了信息的透明度，又增强了用户对品牌的信任度、好感度。

本节小结

小米最初的定位就是“为发烧而生”，这也注定了小米用户就是以发烧友为种子用户向外延伸发展的。

用户不满意，改！

用户不喜欢，改！

用户想要新功能，加！

真正把用户放在心里，让用户成为设计师灵感的来源，以用户策略倒推产品改进，最终使小米聚集了大量的忠实用户，并形成自发的口碑传播。

有没有让用户变得更好，有没有让自己的用户比别人的用户更好，能不能引发用户自传播，才是衡量一个品牌是否具有用户思维的基准。

让用户参与产品创新、营销活动、内部管理，让用户感受到小米的一切成长都与自己息息相关。

“深入群众，相信群众，从群众中来，到群众中去。”

这可能是对小米用户思维的最佳表达了。

要点提炼

1. 无论是产品思维、商业思维、生态思维，其立基点均是用户思维：用户喜欢什么、需要什么，要如何让用户变得更好，让小米的用户与别人的用户不同。

2. 小米与用户的对话，是畅通的、包容的。

3. 因为源于用户，贴合用户的需求，所以生产出来的产品市场化程度很高。

课后作业

请你根据小米的用户思维分析，找到一款手机或者一个智能家电品牌，尝试对其用户思维进行分析和拆解。

➊ 选择品牌：______________________________

» 分析拆解：______________________________

____

____

____

____

____

学习加油站

1. 想要获得更多表格工具及学习资料，请关注微信公众号“刘芳在想”，回复关键词“流量”获得超200页的PPT学习资料包；

2. 关注微信视频号“刘芳在想”可观看更多精彩课程视频；

3. 添加个人微信号“fairy158158”交流。

TRAFFIC MONETIZATION

03

第三章　价值思维

本章要点

3.1　提供产品核心价值，错开同质化竞争

3.2　Costco：捍卫好产品 + 好价格，会员制成就独特行业典范

3.3　7-11：提供符合消费需求的商品与服务，持续制造口碑效应

3.4　名创优品：高颜值、高品质、低价格，锁定注重性价比的用户

3.1 提供产品核心价值，错开同质化竞争

在从事营销工作的过程中，常常会听到同事这样说：这个品牌的营销做得真好。每当听到这样的表述时，我就会提醒团队的同事：因为从事工作的专业性，我们往往会将眼光锁定自己专业领域的纵向范畴去思考问题，缺乏横向考虑的习惯，这对全面理解业务是没有帮助的。

许多营销从业者往往容易从营销的角度去思考，而忽略其他维度带来的影响。所以，关于产品核心价值问题的研究，要跳出纵向思考的禁锢。

因为纵向思考很容易陷入专业知识的诅咒之中，而陷入专业知识诅咒的根本原因，还是在于大部分人在职场中从事的职能领域不够宽泛，业务与业务之间互相割裂，本位主义严重，这也是存在于很多企业中的现实问题。从事推广和渠道工作的人，往往不会涉及产品的打磨，常常会产生以下争议：推广算不算核心价值？渠道算不算核心价值？价格算不算核心价值？这就导致业务团队之间的各种争议及对资源分配的不满。

其实，业务上的争议毫无意义，只有用户才能告诉我们

真实答案。普通用户根本不理解什么叫营销 4P（产品、价格、渠道、计划），用户只会关心：到了我手上的产品到底能不能让我满意、让我不同、让我更好？用户并不关心这个品牌的推广、渠道、价格，如果没有产品作为根基，这些都是无根之木。

举一个更形象的 4P 理论之间关系的例子：**有一个山坡，山顶上是产品，山下是用户，而推广、渠道、价格则给了这个产品更准、更快冲下山坡到达用户手中的推动力。**用户根本不会说这个品牌的推广、渠道、价格真烂，只会说这个产品真烂。

所以，只有产品才是用户真正最关心的。产品包括哪些？**真正意义上的产品有两类：商品、服务。**比如，海底捞的火锅和服务，火锅是实物产品，服务是虚拟产品。

回归到本章的观点：什么才是产品的核心价值？**我的产品比你的产品好，就是核心价值。但是这种价值，是动态的、螺旋式上升的。有可能今天你的产品占上风，有可能下次我的产品更胜一筹。而这取决于谁比谁更先一步掌握用户的核心价值诉求，并优先采取了行动。**

我们再拿便利店举例，同街有两家不同品牌的便利店，判断它们之间产品核心价值差异的有实物商品和服务体验。从用户端的角度来看，实际上包括以下判断因素：

◎ 商品到了用户的手中，有没有让用户产生买得真值的感觉，而不是店员只会推销，而推销的商品其实很一般？

◎ 会不会让用户产生千篇一律、毫无新意、十分厌烦的感觉？

◎ 好卖商品会不会缺货，让用户失望而归？

◎ 商品新鲜程度好不好？有没有临期商品让用户抱怨？

◎ 服务态度好不好？会不会造成体验上的大打折扣？

◎ 店内的环境是否让人觉得舒适、干净、明亮？

◎ ……

通过以上这些要素的梳理，我们会发现：**差异化的产品（包括实物和服务）和增强客户对这个产品的信心，才能创造价值。**

销售下降的原因，往往会被推给竞争对手、天气、政策，这可能是职场最容易找的借口。而实际上呢？销售的下降是顾客心中那把尺子衡量的结果。**如果要让顾客心中的尺子给自己的产品多量几分，只能坚持并做好产品的核心价值。**

同样是火锅店，海底捞能提供鸳鸯锅、清汤锅，别人家也能提供，可是为什么海底捞门庭若市，要提前排几个小时的队才有位子？火锅口味很难有大的区别，但是海底捞有儿童玩耍区、美甲区、小吃等候区，还有服务员贴心细致、超出想象的服务，产品的核心价值让用户为其打了高分。

我为微信职场视频号号主“华哥聊职场”的主理人艾志华做新媒体平台的咨询诊断时，发现许多的职场号都清一色地站在职场人的角度梳理框架内容，所以我建议他反其道而行之，站在企业主的角度来思考要传递的框架内容，做B端流量。正是因为打了价值差异，让他获得了企业的认可，在视频号推出不久后，很快获得了某企业近50万元的单个咨询订单的合作机会，视频号的变现逻辑也打通了。

回归价值思维的本质：**打造出自己差异化的、不可替代的产品核心价值，更有实际意义。**

在坚守核心价值方面，我认为零售业中有三个堪称标杆的品牌，它们分别是Costco、7-11、名创优品。这三个品牌非常清楚自己要为用户提供哪些核心价值，并坚守住了自己的商业阵地。

学习加油站

1. 想要获得更多表格工具及学习资料，请关注微信公众号“刘芳在想”，回复关键词“流量”获得超200页的PPT学习资料包；

2. 关注微信视频号“刘芳在想”可观看更多精彩课程视频；

3. 添加个人微信号“fairy158158”交流。

3.2 Costco：捍卫好产品 + 好价格，会员制成就独特行业典范

Costco（开市客）是美国最大的连锁会员制仓储量贩店。

股神巴菲特有一段非常有名的话，开玩笑地形容副手芒格对 Costco 的爱之深："有一次有两个恐怖分子劫持了我和芒格坐的飞机，声称在处决我们之前可以满足我们的最后一个愿望，结果芒格说能不能让我再讲一次 Costco 的优点，而我说，先杀了我吧！"

这个笑话，给 Costco 的存在增添了一笔幽默的色彩。让芒格如此深爱的 Costco，它到底有什么魅力呢？

根据 Costco 财报，这个零售品牌截至 2018 财年，在全球开有 762 家分店，全年营收 1415 亿美元，2018 年财年最后一个交易日市值为 1028 亿美元，截至 2019 年 9 月底，市值接近 1300 亿美元，上涨近 30%。

与其他零售商不同的是，其他零售商追求的是商品的利润，但让 Costco 盈利的关键因素是其会员费的收入。

相关数据显示：Costco 于 2017 财年会员人数超 9030 万，收入 28.53 亿美元，高达全年净利润的 70.64%；2018 财年 Costco 会员人数 9200 万，会员费收入 31 亿美元，与净利润基本持平。而且会员数量还在不断增长，截至 2019 年上半年，会员已超过 9600 万人。Costco 除了会员数量庞大外，会员忠诚度也非常高，2018 财年显示其全球会员续费率高达 88%。

拿 Costco 与《财富》世界 500 强排行榜位列第一的沃尔玛对比后，会发现一组很有趣的数据。

在净利率方面：沃尔玛约为 1.3%（2019 年 2 月财报），而 Costco 为 2.2%（2018 年年底财报）；

在库存周转率方面：沃尔玛为 42 天（近 5 年），Costco 为 29.5 天；

在单店销售额方面：沃尔玛为 4300 万美元，Costco 为 1.7 亿美元；

在单店利润方面：Costco 为 300 万美元，约为沃尔玛的 2 倍。

从这些数据来看，Costco 的效率比沃尔玛要高许多。

Costco 在中国的表现也没有让人失望。2019 年，于中国大陆的首店在上海开业，火爆程度令人瞠目结舌，据相关的新闻媒体报道：其新店开张，会员卡即卖出 16 万张；停车场车位至少需等待 3 小时；大量安保人员在现场维持秩序，最后因为人数众多，开业 5 个小时即暂停营业。Costco 一度上了各大新闻媒体的榜首，狠狠地刷了一波存在感，让国内的众多线下实体零售商为之酸了一把。

中国的电商发展迅速，而电商对于线下的传统零售也造成很大的冲击，导致许多传统零售商的销售额与市值齐齐缩水的情况严重，但即使是这样，Costco 却顶住了电商冲击，仍然以逆势的姿态，10 年间市值增长了 1.7 倍。

一边是被普遍看衰的传统零售，一边是 Costco 的扬眉吐气。这家企业究竟有什么独特的商业模式这么让人追捧?

零售商赚的就是商品的差价，而除去成本之后余下的就是净利润。这个概念在传统的零售商认知里非常稳固。所以对于大部分的零售商来说，要提高净利润的方式就是想办法提高商品的销售毛利。

而这个传统认知的逻辑却被 Costco 彻底颠覆了。

Costco 的用户定位非常精准，在美国，它将目标群体精准锁定为中产阶级，而这些用户具有较强的消费能力和消费意愿，个人资产也较为丰厚，甚至拥有较好的住宅和汽车，看重商品的高品质、高性价比。另外对于这类用户来说，时间的利用率非常重要，追求能够在有限的时间内一次性满足自己的购买需求，所以他们的购物习惯常常以大批量采购为主。

作为一家零售商，Costco 规定所有在其店内销售的商品定价只有 1%—14% 的毛利率。一旦超过 14%，必须经过 CEO 和董事会的批准。

Costco 为什么会对商品的毛利率控制有这样严苛的要求呢？

这得回到 Costco 在用户端传递的**两个价值主张上来：低价和高品质。**

传统的零售商想要赚取更多的毛利，一般动的就是给商品提价的心思，但一味如此常常会产生许多非良性的情况。因为给商品提价反而会催生很多问题，比如转嫁到用户身上的零售价高企带来体验不佳，以及产生企业内部的贪腐等问题。

而这样一些不良的情况持续积累，最后表现为商品的竞争力下降，品牌的美誉度下跌，用户会逐渐“用脚投票”，甚至在企业内部会产生触及法律底线的问题。

但是 Costco 反其道而行之，他们采用了“如果用户想要获得低价和高品质的商品，那么就要办理付费会员”的商业模式。而为了提高用户的续费率，就要将这两个价值主张保持下去，以确保 Costco 提供的核心价值始终在用户端保有良好的口碑。

如何才能够做到低价和高品质呢?

这得追溯到这个价值主张背后的一系列推动行动上。

我把这一系列的推动行动归纳为**商品端、运营端、营销端、服务端、人才端、文化端的共同建设与推进。**

1. 商品端

在商品端，Costco 精选了几乎涉及全生活品类的商品，但是每个品类下也只做精选的品牌或型号，不盲目引进或扩大 SKU，追求超低毛利的商品。

Costco 内部有两条硬性的规定:

◎ 所有的商品毛利率不超过 14%，一旦超过则需要汇报给 CEO，再经董事会批准。在商品毛利率的控制上设计如此高段位的汇报审核流程，有效地杜绝了超出规定毛利率的商品出现在超市货架的情况。

◎ 面对外部的供应商，一旦发现在别的地方比 Costco 的价格还低，那么这个供应商的商品将永远不会再出现在 Costco 的货架上。供应商为了获得与 Costco 的持久合作，更需要权衡利弊，所以轻易不会逾越雷池。

那仅仅做好这两点就可以了吗?

并非这么简单。

要给到用户低价的体验，背后还有大量的工作要做。

比如，Costco之所以能够给用户提供低价和高品质的商品，其自有品牌的贡献不容忽视。如今，Costco的自有品牌占到了其销量的20%之多。零售行业的从业者都知道自有品牌的优势在于省去了营销和渠道费用、提高利润，同时其低成本也反映在零售的价格上，对于“性价比”有一定要求的用户容易被吸引。

因为Costco执行的是商品严选政策，这就意味着它挑选商品，必须结合用户的需求来做评判，而不是盲目扩大SKU，而这样则带来规模化的采购，也提升了其议价的能力。

且Costco的用户目标锁定为批量采购的用户群体，单品均以大件包装为主，用户的单次采购量并不低，而这也进一步让它的采购频率及采购规模提升。

Costco的库存周转也非常快，从数据上看它的库存周期只有29.5天，远低于沃尔玛的42天和Target（塔吉特）的58天。提高了库存周转，就提高了企业现金周转效率、利润率和资产回报率。

2. 运营端

在运营端，Costco自持物业的政策也在很大程度上控制了运营的成本，而运营成本的控制，对商品的低价策略更是起到了重要的作用。

在会员运营方面，Costco提供了极致的会员服务。Costco的会员卡分为精英卡和普通卡，在美国，其会员卡年费分别为120美元和60美元。其中精英卡会员可以享受一年内销售金额2%的返利以及其他一些优惠，除此之外还有一个条款相当有优势，即如果会员申请办理Costco的Visa信用卡，可以获得60美元的返现；如果申请的是精英卡，但是对精英卡服务不满意，可以随时降级到普通卡，退回60美元。

几乎所有的品牌都希望能寻找高价值的忠实用户，而高价值用户往往更愿意花钱获得更佳的体验，而且这样的用户非常有潜质成为付费会员。Costco其实用付费会员的方式找到了自己最为忠诚的天使用户。

3. 营销端

在营销端，因为其品类的严选政策、超低的SKU，就可以确保每一款产品都是极其抢手的，很多商品极有可能很快销售一空。而这种“手快有手慢无”的模式，也相当于采用饥饿营销的方式让用户早下手为强。

4. 服务端

在服务端，Costco也有着堪称“非常变态”的退货服务，它规定：除了电脑、数码、相机和投影仪等一系列电子产品，需要在购买后 90 天内进行退换外，其他商品没有退货期限，只要在 Costco 的会员卡里面有商品的消费记录，都可以成功退货。

Costco 的卖场里常年提供各种各样的试吃台，试吃的设计在很大程度上提升了用户在 Costco 的卖场体验，增加用户购买新商品的机会，也因为提前试吃有了一定保障而减少了退货的概率。

Costco 的许多分店还设置轮胎维修、药店、眼科诊所、照片冲洗、加油站、烘焙屋、旅行代理等服务性业务。

是零售，但不止于零售，除了纵向做深、做精产品外，还借助流量完善了横向的生活服务领域，更加强化了用户的极致体验。

5. 人才端

在人才端，Costco 相信只有优秀的员工才能提供优秀的服务，让员工满意才能让用户满意，所以 Costco 为员工提供优厚时薪，还配套提供医疗养老保险和年假计划，就职 1 年后新员工的退休储蓄账户就可以获得股票期权奖励。在员工的留存率上，也打破了很多零售行业人员流失率高的现状，人员的流失率高会造成业务断层、用户体验下降，而 2018 年 Costco 员工（工作 1 年以上）留存率高达 94%，也远超行业平均水平，这就很好地避免了内部人员不稳定带来的人力重置成本、培训成本、管理成本增加。

6. 文化端

在文化端，Costco坚持“让人感到幸福”的哲学理念，把座右铭“做正确的事情”融入企业经营管理过程中，无论是对顾客还是对员工，这样的价值观时时得以体现。

综上所述，我们会发现：看起来做对的是一件事情，但背后是整个体系的全面联动。

没有承担社会责任（让用户幸福，让员工幸福）的文化，就会让员工不满意，而员工不满意，任何商品端、营销端、运营端的改进是很难推动的，最终导致的就是用户的不满意。

本节小结

Costco获得今日的成功，并不只是某一个或某几个环节的优化，而是从外部到内部，对人货场各元素进行了体系性、全方位的设计与优化，就如一部机器一样，每一个零件都在发挥着自己的作用。

Costco全面设计和优化商品端、运营端、营销端、服务端、人才端、文化端整个业务链条，由内至外，由上至下。从员工满意、供应商满意，到推动用户满意；为用户提供价值，用户也反哺了企业的价值实现，实在是为零售行业树立了一个极好的标杆。

要点提炼

1. Costco 的成功归于其在用户端传递的两个价值主张：低价和高品质。

2. 为了确保低价和高品质这两个价值主张的实现，Costco 在商品端、运营端、营销端、服务端、人才端、文化端做了大量的工作。

3. Costco 价值主张的实现，是一个体系性联动的结果。

课后作业

请你根据Costco的价值思维分析，找到一个零售品牌，尝试对其价值思维进行分析和拆解。

➊ 选择品牌：________________________________

➤➤ 分析拆解：________________________________

____

____

____

____

____

学习加油站

1. 想要获得更多表格工具及学习资料，请关注微信公众号“刘芳在想”，回复关键词“流量”获得超200页的PPT学习资料包；

2. 关注微信视频号“刘芳在想”可观看更多精彩课程视频；

3. 添加个人微信号“fairy158158”交流。

3.3 7-11：提供符合消费需求的商品与服务，持续制造口碑效应

便利店行业里流行着这样的一句话：世界上只有两家便利店，7-11 便利店和其他便利店。

从这句话中可以看出，7-11 对于整个便利店行业可谓是殿堂级的存在。

便利店是一个“弯腰捡钢镚”的生意，靠着一瓶瓶饮料、一个个饭团，几角几元攒起来的销售额与毛利。但就是这样的微小积累，让人不可置信的是，7-11 便利店的人效甚至比肩阿里巴巴这样的互联网巨头。

这个小小的便利店到底有什么样的魔力，让人们对它趋之若鹜，喜爱不已？甚至在日本，7-11 是“像空气一般的存在”：无所不在且不能没有。

7-11 一开始是一个美资品牌。一次机缘巧合之下，铃木敏文因公出差到美国考察，发现了美国南方公司旗下的便利店品牌 7-11。

他对于这种小面积，而且很受当地居民欢迎的便利店来了兴致，为了拿到 7-11 的授权进行了艰难的谈判，最终才和美国南方公司达成特许加盟协议。

第一家真正的 7-11 便利店在日本开业，经营得风生水起。而美国南方公司却日渐衰落，于 1987 年多元化扩张失败，并在 3 年后申请破产。1911 年，日本零售商伊藤洋华堂收购美国南方公司 73% 的股权，成为公司第一大股东。

7-11 的发展史与将它发扬光大的传奇人物铃木敏文息息相关，铃木敏文被日本媒体称为继松下幸之助之后的“日本新经营之神”，美国《哈佛商业评论》评价其为“融合东西方管理精神的最佳典范”。

铃木敏文建立的“单品管理”概念为很多零售企业效仿学习。

在经营 7-11 的过程中，他认为：连锁便利店事业的关键并不在于门店总数的多少，而在于提升每家店铺的品质。

对于便利店行业来说，高密集度的店铺的确可以让整个运营效率得到极大的提升，但是如果一味追求门店的总数，只会麻痹经营者对于经营这件事情本质的认识。

对于 7-11 来说，为用户提供好的商品和服务才是真正需要达到的目标。

经营的品质和发展的速度是不是一对相悖的概念？7-11用自己的行动证明了二者可以同时存在。即使对于品质有着苛刻的追求，也没有让7-11停下发展的脚步。

据日本时事通讯社报道，日本7-11连锁便利店宣布，截至2019年12月底，在日本国内外一共开设了70207家店铺。近年来，7-11在日本国内开新店的速度虽然减缓，但在亚洲地区的店铺数量不断增加。

2020年7月2日，7-11获评艾媒金榜（iiMedia Ranking）发布的《2020年6月中国便利店品牌排行榜单Top 10》第一名。

更以实力迎来行业高光的，是2020年10月23日7-11河南郑州首店开业，首日销售额破65万元，刷新了7-11全球超7万家连锁店面单日销售纪录的业绩。

网上甚至因此流传着一个段子：享受7-11关东煮的这种快乐已经不再是北上广深人们的专属。7-11又上了什么新品，那些留在老家的初中同学，有可能比你要更早知道。

接受综合的评价，是零售业的宿命。

什么叫综合的评价？

一个用户，从看到店铺的招牌开始，进店，找寻他要的商品或者能打动他的商品，拿起商品仔细观摩并做出购买的决定，走到收银台买单，感受收银员提供的服务，直至离开的整个过程中，用户都会在内心做出对于人货场的评价，从而决定他对这个便利店品牌的印象。而印象的固定，就会决定以后他会不会再来。

这也就是铃木敏文曾提出的用户的惠顾性，而品牌的优劣之分从此刻就开始产生了。

铃木敏文在获得 7-11 的特许经营授权之后，发现美国人的管理方式与经营技巧放到日本几乎不能用，只能以一种全新的姿态投入便利店行业当中，不断研究用户的需求，并以此改善 7-11 的经营方式以更贴合日本的实际经营。

同样是便利店，却没有一套放之四海而皆准的管理方式，铃木敏文认为最大的竞争对手不是同行，而是千变万化的用户需求，必须彻底站在用户的角度去思考，企业才能有生路。如果没有盯紧用户尚未被满足的需求，就根本谈不上为用户创造价值，企业的经营也会遇到非常大的问题。

铃木敏文的经营哲学，对于零售行业有着深远的影响，照搬照套别人的经验，放在自己的实际场景当中是根本行不通的。

关于站在用户的角度去思考，铃木敏文曾在他的书《零售心理战》里讲过这样的一个故事。

日本曾经有一家著名的动物园，动物园的动物们总是很慵懒地当着游客的面晒太阳，因此一年半载才去一次动物园的游客们便不愿意再去第二次。动物园的园长就在思索，游客们到底想看到什么样的景象呢？

通过与游客不断接触，园长终于认识到那些去动物园游玩的游客其实真正关心的不是动物本身，而是动物身上的活力，人们希望能看到动物生机勃勃的样子。

于是园长想了一系列办法让动物们生机勃勃起来。比如，园长让饲养员把猴子的食物藏在猴山的各个角落，让猴子们不得不处于寻觅食物的状态。这样，来观赏猴子的游客们每次都能看到猴子们生机勃勃的一面，游客看到了动物身上的活力与生命力，就总爱带着孩子与家人频繁来动物园游玩。

虽然这是一个故事，却非常具象地表达了铃木敏文对经营真谛的理解：站在用户的角度做好每一件实实在在的事情，而这些事情做好之后才能够构筑好的用户体验，在用户每次做出消费选择的时候才能成为其首选。

站在用户的角度体验 7-11，最直观的感受就是：商品齐全，品质卓越，环境整洁，服务周到。这 4 个看似简单的用

户感受，却是 7-11 一直在追求的用户价值的体现。

说起来简单的事情，实际上背后要做的工作之多是未经营过便利店的人不可想象的。为了让用户有这样的体验，就必须先确立企业明确的价值观，以及为了实现这个价值观所要做出的一系列组织、架构、方法、规章、运营、技术、系统等具体的举措。

7-11 是如何来实现用户价值的呢？

1. 商品齐全

对于线下实体店来说，你的经营效益有多好，主要是看坪效指标，即每坪（一坪等于 3.3038 平方米）的面积可以产出多少营业额。

一个 7-11 的店面只有 100 平方米左右，容纳 2900—3000 个 SKU，任何一个 SKU 如果没有产出好的成效，就是对坪效的消耗。所以，每一个 SKU 都是带着使命的。

7-11 是如何让每一个 SKU 都能发挥其价值的呢？

据了解，7-11 设立了一个多达 150 人的商品研究团，每天研究什么样的商品是爆品。比如：什么样的商品销量不高，利润又不高，必须立刻拿掉；什么样的商品销量又高，利润又高，就加大部署；什么样的商品虽然销量不高，但利润很高；什么样的商品利润不高，但销量很高，这属于流量型产品。

把单品做到极致，让款款商品都是爆品，让每一个坪效都能够最高，这些的背后，是一套严厉又苛刻的商品高效能管理体系。

甚至铃木敏文本人，都直言自己没有权力改变 7-11 的商品管理机制。回到便利店的根本上，商品才是真正的零售之根，立足之本。而 7-11 把这个根本看得很透彻，琢磨得很精细，执行得也很到位。

2. 品质卓越

7-11 自创立以来，就努力围绕着味道和鲜度均保持上乘的商品来服务用户。

最有名的就是 7-11 开发红豆糯米饭团和炒饭的案例。

7-11 过去研发的红豆糯米饭团，一直到今天仍然保持着人气产品的地位。一开始在研发的时候，由于当时的生产工厂并没有以蒸笼蒸制大量糯米的工艺和设备，因此选择了和普通米饭相同的做法，用锅来煮熟，铃木敏文试吃过后并没有尝到糯糯的口感，直接要求改变制作方法，引进新设备，力争做出最原汁原味的糯米饭团。

而且，研发团队对糯米的种类、淘洗方法、浸泡时间与红豆的选择及煮法等所有的要素都重新做了研究，终于克服了好几道难关，让这一产品获得极大成功。

铃木敏文有一次在试吃炒饭时，感觉饭粒都粘在了一起，立即对开发负责人说“这根本不是炒饭”，并要求全店当天就将炒饭下架。

制作炒饭时必须用强火翻炒中式炒菜锅，由于工厂不具备实现这一点的设备和烹饪技术，完全达不到制作炒饭所需要的高温。

于是，铃木敏文要求负责人立即进行改良，在没有成功生产出地道的炒饭前不允许上架。经过一年零八个月的努力，负责人和厂商终于研发出了新设备，改进了烹饪方法，成功推出了“正宗炒饭”，而这一产品重新问世后也受到了顾客的热烈欢迎，直到今天依然是大热产品。

在7-11，这样对于品质极致追求的事情不胜枚举。

比如，在牛奶保鲜期的问题上，7-11就是第一个关注的便利店品牌。对于桃子应该如何储存才能保持最佳口味，细致至此都能关注到，7-11对产品的品质追求实在是容不得一点沙子。

而做这么多细致的工作，就是要给用户留下7-11品质卓越的印象，用户一旦有需求的时候，第一时间想到的就是

7-11，而不是其他便利店品牌。

3. 环境整洁

说到环境整洁，国内的便利店以加盟店为主，许多加盟店因为整体服务意识的缺失，无法做到时时刻刻注意环境卫生。但我前面说过，零售业就是要承受用户全方位打量、综合评价的宿命，如果你到一个便利店买食品和饮料，而这个店非常脏乱差，给你心里留下了一个很难抹去的坏印象，你下次还敢来吗？

严格的管理标准为 7-11 提供了环境整洁的保障。7-11 专门印制了“工作计划表”，让每一位员工清楚何时做何事，如清扫、订货、检验商品、商品上架、检查商品鲜度等，甚至还有“下班后到车站周围走走看看”“空闲时不要窃窃私语”等各种指示和提醒语。

4. 服务周到

7-11 曾发起许多领先业界的项目，如在店内销售饭团等鲜食、食品配送服务、配置 ATM、代收水电煤费用等。目前 7-11 已经推出包括票务代收、各种卡充值、快递、干洗、相片冲印等 50 多种便利服务，部分地区还可以租借充电宝，甚至现在在国内非常流行的共享充电宝，在 7-11 早就不是新鲜的项目了。

还有一些想不到的奇葩服务，如各种考试报名、优衣库线上订单自提等。我在台湾地区旅游的时候发现：很多小孩放学后在 7-11 做作业，等父母下班来接。在日本旅游的时候发现：旅客上洗手间的主要选择地，就是 7-11 等便利店，出来的时候还顺手买些东西。这些服务项目丰富贴心，拉动人气，既带动了商品销售，有些服务还带来了额外的服务性收入，突破了便利店只卖商品、只能获得商品利润的销售边界。

7-11 不靠宣传的伎俩，而是靠扎扎实实地坚持做好一个零售店的本分，守住了自己的口碑。品牌越宣传，与现实差距越大，用户越不喜欢。一个品牌的价值是靠口碑积累起来的，而不是靠宣传一蹴而就的。

很多零售品牌认为自己店的生意好，就是自己做得好，但实际上很多生意好的零售店大部分靠的都是地段上的优势，也就是所谓的“靠天吃饭”，一旦地段变化，经营环境改变，竞争对手进入，就有可能受到极大的影响乃至销售下滑，更严重的甚至要闭店搬迁。

7-11 追求的是商品齐全、高品质，不打价格战，而是坚持提供“价格以上的价值”。

对于零售企业来说，你可以模仿 7-11 的形象、商品、服务，但是最难模仿的还是给用户提供哪些价值的底层思维与具体做法。

本节小结

目前中国的便利店品牌如雨后春笋一般涌现，其中不乏优秀的案例，也出现了很多新的经营理念和管理方式，甚至马云还提出了“新零售”概念，但是7-11便利店的“新零售”理念可谓十分超前。而这一切经验的获得并没有前迹可循，只是靠着7-11对于用户需求的摸索而形成的宝贵经验，以至于后续让整个行业都以此为标杆竞相学习。

商业世界的变化太快，7-11能否将这个优势持续下去，始终站在趋势的前端领先行业，我们不得而知。但是，一个始终以用户需求为出发点的企业，会一直获得上佳的用户口碑。

要点提炼

1. 站在用户的角度体验 7-11，最直观的感受就是：商品齐全，品质卓越，环境整洁，服务周到。

2. 7-11 追求的是商品齐全、高品质，不打价格战，而是坚持提供“价格以上的价值”。对于零售企业来说，你可以模仿我的形象、商品、服务，但是最难模仿的还是给用户提供哪些价值的底层思维与具体做法。

课后作业

请你根据 7-11 的价值思维分析，找到一个便利店品牌，尝试对其价值思维进行分析和拆解。

➤ 选择品牌：________________________________

➤➤ 分析拆解：________________________________

____

____

____

____

____

学习加油站

1. 想要获得更多表格工具及学习资料，请关注微信公众号“刘芳在想”，回复关键词“流量”获得超 200 页的 PPT 学习资料包；

2. 关注微信视频号“刘芳在想”可观看更多精彩课程视频；

3. 添加个人微信号“fairy158158”交流。

3.4 名创优品：高颜值、高品质、低价格，锁定注重性价比的用户

在零售业内号称“人狠话也多”的名创优品全球联合创始人叶国富的一段话颇有深意：这个世界有两种生意谁都会干，一是把东西做得很好，价格卖得很贵；二是把东西做得很差，价格卖得很低。但是这个世界上恰恰最难干的是把品质做得很好，价格做得很低。优质低价是世界的通行证，是未来的趋势。

这段话很明确地给名创优品下了一个定义。

名创优品刚诞生的时候，被人戏称是化了妆的“十元店”。名创优品的前身是由叶国富在2004年创立的哎呀呀，一度开了3000多家连锁店，是商品不够丰富时代的“解忧杂货铺”。

但是，瓶颈很快到来。

随着时代的发展，用户的消费理念升级、更加追求品质，以及同质化竞争严重，再加上本身品类单一、档次不高，哎

呀呀销售规模难以突破瓶颈，遇到了很大的销售滑坡。在发展上遇到问题的叶国富在 2011 年决定对哎呀呀来一次全方位的升级。

2013 年，叶国富与日本青年设计师三宅顺也正式创立名创优品。2013 年 11 月 15 日，名创优品第一家门店在广州开业。

在 2013 年，名创优品仅开店 27 家。而截至 2020 年 6 月 30 日，名创优品已覆盖全球超过 80 个国家和地区，门店数量超过 4200 家，在中国市场拥有超过 2500 家门店，海外市场则超过 1680 家。

北京时间 2020 年 10 月 15 日晚间，名创优品迎来了其诞生以来的高光时刻，正式登陆纽交所，股票代码“MNSO”。

叶国富在广州云敲钟现场发表感言时表示，创办名创优品的初心就是让全世界的人都能不畏价格压力过上幸福的生活。同时，他也强调，名创优品的核心竞争力是极致的性价比和高频上新。

名创优品自成立后，扩张快速，登堂入“市”，随之而来的是各种好奇与疑问，有看不懂的，也有看不上的，更有看不起的，因为不管从哪方面来看它都是一家土生土长的中国品牌，但特别容易被误认为是一个日本品牌。

而且，这看来看去都像是一个“十元店”的升级版，凭什么能在短短几年时间里，一路登顶“全球第一的自有品牌生活方式产品零售商”？不仅仅在国内，就算是在国外，人们也会有这样的质疑。

人们之所以心存疑虑，无外乎以下两点原因：

一是在电子商务高度发达的今天，线下零售实体店流量被瓜分，而它的出现是否逆势而为？

二是超过95%的商品零售价格都低于50元，它的盈利模式到底是什么？

任何商业模式的创立，都离不开环境与用户的变化。名创优品发展的背后，折射出普通消费人群因为消费观念改变带来的需求转变和零售业的新机会。

不管业界如何评判，关键是：名创优品为用户提供了哪些价值？如果能说明这点，存在即有需求，存在即合理。

近些年，关于消费升级和消费降级的声音比比皆是。“消费升级”的概念还没有捂热，名创优品、拼多多等品牌开始带动“消费降级”的崛起。

消费的趋势究竟会沿着哪条路发展？

其实，当你听到某种趋势判断的时候，说明趋势已经开始衰退；因为真正的趋势出现时，还没有语言可以描述它。

我的观点是：消费升级并不等于价格贵，消费降级也不

等于商品品质不好。人们对商品的品质追求并没有降低，只是没有那么在意品牌了。

综合来说就是：对品质的消费升级，对品牌的消费降级。

中国用户的变化有以下几方面原因：

一是，中国的国际地位在提升，人们的自信感越来越强，并不需要奢侈品来做个人包装了。

二是，物质条件越来越好，过往对于人们来说的一些时尚大牌也日益普遍。你家有的，我家也有，就算炫耀出来也没有什么特别的意义了，还显得层次降低、浮于虚荣。

三是，“90 后”家庭条件普遍比较优渥，没有太多的物质上的缺失，也不需要随大流，只是尊重自己的内心去消费。

所以，消费升级也好，消费降级也罢，只买对的，不买贵的，会越来越成为人们普遍的消费观，消费也会越来越趋于理性，而传统品牌在零售价格中加入了大量的加价费用，除了“品牌税”，甚至还有“智商税”，如一些过度包装的节日礼盒，就是“品牌税”“智商税”并存的典型。

经济学家任泽平在《中国消费升级与降级并存　长期看消费升级趋势仍在继续》一文中提到：奢侈品消费全球第一大国与拼多多盛行于三、四线及以下城市并存，高品质汽车消费高增长与中低档低增速乃至负增长并存，高端白酒价格持续上涨与低端白酒竞争激烈并存。

这个判断非常形象地阐述了中国多元并存的消费趋势。

而消费升级与消费降级并存时代，在消费观念上有以下5个特点。

◎ 人们越来越注重性价比，如前面提到的只买对的，不买贵的；

◎ 随着生活节奏的加快，人们越来越注重商品和服务获取的便利性，如超高密度、距离近、货品齐全、环境良好的连锁便利店的兴起；

◎ 人们在消费的时候，越来越注重自己情感诉求的满足，如可口可乐昵称瓶的盛行、味全的每日瓶营销，无一不是触动了人们的内心情感，帮助人们表达对生活的态度；

◎ 人们的消费越来越趋向于精神性的消费，而非单纯物质性的消费，因为物质消费只会带来一时的满足，而精神消费恰恰是这个快节奏、亚健康盛行的时代更加需要的一味良药；

◎ 人们越来越意识到商品的真正价值并非在于拥有，而在于使用的过程，所以共享经济会成为这个时代的主旋律，如流量爆发的二手平台、共享单车、共享汽车、共享按摩椅等。

了解了这个时代的环境与用户消费观念的变化，我们才能更好地了解名创优品给用户带来了哪些价值，让用户对于这个品牌产生如此高的喜爱度。

我认为名创优品做对了三件事：第一是商品，第二是商品，第三还是商品。

为什么会如此强调名创优品把商品做对了这件事情？

对于用户来说，最终还是为商品买单，商品才是零售店的根本。而名创优品的商品到底如何触动了用户？

名创优品的商品是生活小商品品类的集合，而这些小商品品类的特点是单价低、实用性强、长尾化、高频购买，只要颜值和品质足够高、更新的频率足够快，非常容易吸引人们的目光和注意力，并产生下单的冲动，关键是也不贵，不会有负担。

名创优品的目标人群定位为一、二线城市的年轻人，以中学生到青年白领为主，其中尤其以女性为主，而这一类人群是生活小商品品类的主要消费群体。她们所喜欢的商品，必须吻合以下几点：高颜值，高品质，高设计感，低价格，更新快。

1. 高颜值

在商品的颜值方面，名创优品保持了超高的标准。

名创优品曾经与故宫联合向网友征集创意，推出了包括香水、配饰、日杂等 150 多个 SKU，超高的颜值与古色古香的调性，把整个系列都打造成了一个爆款 IP。

除了与故宫进行 IP 联合之外，名创优品也与漫威等世界顶级的超级 IP 进行联合开发以及产品营销，均取得了非常好的效果。

名创优品用这种方式，为做低价的品牌印象提升了不少的势能，也帮助一直高高在上的大 IP 们弯下腰与用户更近，强化 IP 的普及性。

2. 高品质

名创优品的商品不但颜值很高，而且品质也非常高。

据悉，名创优品在生产阶段就形成了“1+1+1”的品质管控体系，包含三个维度：名创优品内部质检部门 + 国家质检部门 + 第三方权威质检机构。名创优品会主动邀请国家质检部门进行抽检，而叶国富甚至出资 1 亿元成立品质保障基金，对用户进行先行赔付，第一时间弥补用户可能遭受的损失。

3. 高设计感

名创优品倡导优质生活理念，秉持尊重用户的品牌精神和回归自然的原则，提供优质低价的健康产品。据悉，名创优品在全球各地合作的设计师达300多位。这些设计师不但要非常了解潮流趋势，也要结合区域的本土化特色，根据名创优品的定位以及用户需求开发出简约自然风格的产品。

比如，名创优品开发的“名创冰泉”，这款水选自联合国认证的自然保护区的山泉水，无论是水源地还是整个瓶身，都具有十足的品质感与设计感，就算是水喝完了瓶子还能够留作插花、培养植物之用。而这款水的开发据说耗时三年，投资上亿元。由此可见名创优品在产品的设计追求上，可谓是“吹毛求疵”，让用户不光买到一款产品，而且还思考了产品背后的价值。

4. 低价格

名创优品里的很多东西卖得非常便宜，后面的供应链都是这个行业里的顶尖选手。

比如，名创优品的某爆款眼线笔，来自迪奥的工厂莹特丽，容易上妆，不晕妆又容易卸。

又如名创优品的香水，基本是10元到30元，而香料是由有着300年历史的奇华顿提供。

为什么这么多的好产品、好的供应商还能够卖这么低的价格呢？主要的原因有以下两点：

一是大规模的采购。采购规模大，可以降低采购的成本，前端的销售让整个流量跑得很快，效率就很高。薄利多销，跑量而不是跑价格，一样做出大生意。

二是名创优品在每个供应链环节都在降低成本，砍掉多余的中间商，这可以让用户少交“品牌税”和“智商税”。

5. 更新快

名创优品销售的都是小商品，而这些小商品又都是高频、长尾性的购买需求，购买的用户以年轻人尤其是女性居多，如果产品千篇一律，会很快引起用户的厌烦和抛弃，用户每次去逛每次都会受到新鲜商品的刺激，价格又不贵，东西又好，颜值又高，自然就会忍不住买买买。

2020 年，在新冠肺炎疫情的影响下，全球实体零售门店的生意都难做，但名创优品在维持增长。2020 财年（截至 2020 年 6 月 30 日），名创优品营业收入达 89.79 亿元，毛利率达 30.4%，较 2019 财年毛利率 26.7% 有所增长。

商品是零售的经营之本，稳固好这个根基，可无往不利。

本节小结

名创优品深谙环境变化及用户的需求，通过打造高颜值、高品质、低价格的商品，不断给用户创造性价比、新鲜感，无论是在线下还是在媒体上，都获得了不错的品牌声量。从情绪偏向来看，像无印良品这些高端大气的品牌形象撑起来的溢价并不那么讨巧，而名创优品提供的实惠与性价比反而更容易捕获人心。

用“提高效率”的方法做到别人做不到的价格，名创优品把它做到了极致。

但是，模式的模仿者越来越多，越来越快，也越来越高明，名创优品是否能够将这个价值优势保持下去，还有待静观。

要点提炼

1. 消费升级并不等于价格贵，消费降级也不等于商品品质不好。人们对商品的品质追求并没有降低，只是没有那么在意品牌了。即，对品质的消费升级，对品牌的消费降级。

2. 中国的消费降级原因：中国的国际地位在提升，人们的自信感越来越强，并不需要奢侈品去做个人包装了；物质条件越来越好，过往对于人们来说的一些时尚大牌，也日益普遍；“90后”家庭条件普遍比较优渥，没有太多物质上的缺失，也不需要随大流，只是尊重自己的内心去消费。

3. 名创优品的商品吻合以下几点：高颜值，高品质，高设计感，低价格，更新快。

课后作业

请你根据名创优品的价值思维分析，找到一个新零售品牌，尝试对其价值进行分析和拆解。

➤ 选择品牌：________________

➤➤ 分析拆解：________________

____

____

____

____

____

学习加油站

1. 想要获得更多表格工具及学习资料，请关注微信公众号“刘芳在想”，回复关键词“流量”获得超 200 页的 PPT 学习资料包；

2. 关注微信视频号“刘芳在想”可观看更多精彩课程视频；

3. 添加个人微信号“fairy158158”交流。

TRAFFIC MONETIZATION

04

第四章　渠道思维

本章要点

4.1　找对精准流量的渠道，提升交易转化率

4.2　秋叶 PPT：卡位职场渠道，打造有影响力的 PPT 教育品牌

4.3　花西子：绑定头部主播进军新媒体，国潮美妆闷声发大财

4.4　格力：2020 年直播带货 476 亿元，线上 + 线下一体化布局新零售

4.1 找对精准流量的渠道，提升交易转化率

在搞清楚渠道之前，我先带大家了解一个计算销售额的公式，即：销售额 = 流量 × 转化率 × 客单价 × 复购率。

如何来理解这个公式呢？

你开了一家便利店，每天的销售额还不错。但销售额是一个结果，你得知道这个结果是怎么来的，才能对关键的影响因素做出干预和调整，这就得回到销售额的公式中来拆解每一个指标了。

◎ 流量：就是每天进来你店里的人，通常被称为人流、客流，我们在本书中统称为流量，流量并不应该只成为互联网的专属名词；

◎ 转化率：每天进店的人，有多少人买了东西、达成了交易，在电商中经常叫作转化率，在线下通常会称为成交率，但逻辑是一致的；

◎ 客单价：就是一个客人一次在你的店里买了多少东西、花了多少钱，买得越多客单价越高；

◎ 复购率：就是这个客人走了，下次还来的可能性有多大。

在这个公式当中，我们会发现“流量”是第一要素。因为如果没有流量，那后面都是不成立的。

问题来了，这个便利店的流量在哪里呢？

便利店的用户分布在本店的商圈辐射范围当中，而一般便利店的服务半径不会超过用户 10 分钟的步行范围，在 500—1000 米。

比如，你的商圈辐射范围能够覆盖两个小区，一条人流量大的商业街，那么这两个小区跟商业街上的人就是你的流量，而流量所在的小区和商业街就是渠道。

所以这里我们要下一个定义：**流量在渠道里。**

虽然流量分布在小区和商业街这两个渠道里，但是某天你发现，小区和街上的人没有变少，经济也没有下行，而你的销售额减少了。

经研究你发现，原来以为自己的转角位临街铺面具有最大的流量聚合能力，但是没想到开在小区里面、非常不显眼、连招牌都没有的小杂货店每天抢走了你至少 1500 元的生意。

再细细了解后发现，这个小杂货店，店面虽然不显眼，但店租便宜，人力也不需要招那么多，以为这家小店靠天吃饭必然等死，但是没想到每天来自自有平台和各外卖平台的外送订单不少，关键是人家还 1 元起送，门槛特别低，用户不用下楼自己买，送货到家还顺手帮着带走垃圾，体验特别好。

原来，打败你的不是隔壁位置同样好、招牌显眼、货品齐全的其他品牌竞争对手，而是这么一个藏在犄角旮旯里的小杂货店。

这说明什么？

说明当下的流量渠道格局在发生大的变化。尤其是短视频和直播的兴起，沉浸式的用户体验更是让许多品牌及个人获得了大流量的曝光，甚至带来交易的转化。

微信视频号主“吴聊传播”的主理人吴卫华，是一位有着多年品牌公关经验的专业人士。当视频号兴起时，他准确地把握住了这个渠道的趋势，通过输出优质的品牌理念与实战、直播、跨界联动等，将“吴聊传播”打造成了微信视频号垂直领域里的头部账号，并实现了业务的转化，这也是对渠道有着精准判断的经典案例。

虚拟的知识型产品与高单价的金融产品，都更需要强烈的信任背书。

财富知识服务先行者“朝财”，在财富教育领域的创新实践也很有看点。“朝财”创始人王朝薇是中国第一批私人银行家，获评“北大财富女神”。“朝财”聚焦“创始人 IP+ 社群 + 短视频 + 直播”的形式，王朝薇诚恳且专业的态度相当于给了普通人一双识别金融产品的火眼金睛。短视频尚能做后期修饰，而360度无死角的知识型直播，就只能依靠主讲老师的专业积累和临场应变。有趣的是，你永远不知道谁在看你的直播，除了潜在用户，可能还有合作方。凭借高转化的硬核直播，“朝财”成为支付宝的合作方。

现在的渠道概念非常宽泛，或者我们可以总体这样解释：**只要能够给你提供精准流量的地方都可以称为渠道，**而现在我们通常会将**渠道分为线上渠道和线下渠道。**

总体来说，线上渠道包括电视、电台、搜索引擎、社交媒体、短视频、社群、垂直门户等。线下渠道包括实体店、楼宇广告、电梯广告等。

移动互联网时代的渠道（尤其是线上渠道）有这样的一些特性：移动化和碎片化、精准化、分渠道化、垄断化。

1. 移动化和碎片化

移动互联网的飞速发展，让大量的流量由原来的PC端向移动端转移，所以流量也分布在各个不同的APP、应用市场、浏览器等入口中。而且移动化的普及让用户获取信息的方式更加碎片化，这也就造成了整个流量的移动化和碎片化。

2. 精准化

流量现在都朝着垂直化、精准化的方向走，不同的用户集中在不同的渠道当中，而大数据会告诉你，你的广告适合在哪个渠道当中进行投放。传统的广告投放难以追溯效果，企业只能疯狂投放以“轰炸”用户，但是现在每个企业都在研究如何通过数字化营销进行精准投放，让渠道的效果最大化、可追溯。

3. 分渠道化

每个渠道的特性不一、用户不一，导致品牌需要评估自己的内容和调性到底适合在哪些渠道当中进行发布，因此企业内部也形成了根据渠道去运营的组织架构。

4. 垄断化

整个互联网的流量格局其实已经形成，基本上大流量都集中在几个大的互联网平台上，而且各平台之间互相割据、互不开放，这个格局短时间内也非常难调整。

学会识别每个渠道的用户群体，以及投放精准的内容来匹配用户群体以提升转化率，是渠道运营者工作的重中之重，也是判断运营工作效能标准之一。

在找对精准流量渠道方面，卡位职场渠道、成为有影响力的 PPT 教育品牌的秋叶 PPT，以及在美妆品牌当中卡位直播、闷声发大财的花西子，还有全年直播带货突破 476 亿元的格力，都通过精准锁定渠道而走出了不一样的姿态。

学习加油站

1. 想要获得更多表格工具及学习资料，请关注微信公众号“刘芳在想”，回复关键词“流量”获得超 200 页的 PPT 学习资料包；

2. 关注微信视频号“刘芳在想”可观看更多精彩课程视频；

3. 添加个人微信号“fairy158158”交流。

4.2 秋叶 PPT：卡位职场渠道，打造有影响力的 PPT 教育品牌

谁能想到，一个 PPT 的世界都能如此精彩。

中国之大，PPT 高手之多，远远超出想象。

而要说起中国相当有影响力的 PPT 品牌，秋叶 PPT 可以说是数一数二。而基于 PPT 延伸出来的秋叶职场教育等一系列课程与品牌，围绕着个人成长、企业合作、培训业务，更是将这个小小的 PPT 的效用放到最大。

秋叶 PPT 的创始人秋叶大叔，毫不避讳地谈及自己在切入 PPT 领域的发展历程。

在 2008 年，秋叶大叔做的 PPT 也是普通水平，用他自己的话来说：截至 2008 年，我已经做了 10 年的 PPT，但是我仍然发现一个人的工作能力和工作时间未必正相关，做了 10 年也不见得就能做好，我从自己做 PPT 这个事情上深刻地发现了这一点。

而真正让秋叶大叔 PPT 水平突飞猛进的，是他被学校

领导停了9天的课，每天只能坐着等领导的最新文案然后改PPT，更多的时候什么事情都做不了，因为没有材料报上来，有时候等了半天就是为了把一个说法换成另一个说法。

这9天等待的时间，普通人可能会很郁闷，但是秋叶大叔觉得既然无法逃脱做PPT的命运，那就努力让自己通过这次做PPT成为一个真正的高手，于是他利用等待的时间闭关学习PPT的操作，让他的基本功得到了很大的进步。

秋叶大叔还有一段非常启发他人的话，就是形容这种在等待过程中的思维：当我一旦意识到我要做一些无法回避的工作的时候，我会立即为这个工作找到多元化的目标，从而使得这些本来对自己的生命是一种浪费的时间变成很重要的积累。

而这个积累确实没有浪费。

2013年双十一开始直至12月19日，是秋叶PPT发展史上的一个具有里程碑意义的时间段。短短39天，网易云课堂内一门标价为99元的课“和秋叶一起学PPT”销售破千，轻松实现总销售额过10万元。而这个课程最大的特点就是解决了职场人学习做PPT的难题，具有很强的实操性。

其实职场人看到的优秀PPT非常多，但是真要自己研究并做出好的PPT还是非常有难度的，而一份真正行之有效的技能学习指导课程，就能够解决这种在学习过程中存在的问题。

就这样，通过对课程的打磨、提升，网易云课堂发布的“和秋叶一起学 PPT”是目前网络最受欢迎的 PPT 课程。

除了网课之外，秋叶团队陆续出版相关图书，并在图书销售市场取得了不俗的成绩。

秋叶 PPT 过硬的实力在于：以学习效果为导向，以互动式授课、定制化设计、个性化运营、实战化练习、视觉化呈现、教练化陪伴 6 项教学特色，营造沉浸式的学习氛围，帮助学习者快速入门和提升。

秋叶 PPT 通过这几年的发展，不但成为中国数一数二的 PPT 教育与服务品牌，而且基于所服务用户的生命周期以及需求的挖掘，从单一的 PPT 业务，进一步延伸到了职场教育、新媒体、社群、图书、个人 IP 打造的领域。

这一切，是机缘巧合，也是不甘等待；是竭尽全力，也是运筹帷幄。

基于 PPT，却不止 PPT。

PPT 是办公应用中使用频率非常高的软件之一，而秋叶将自己的用户锁定在即将使用和高频使用 PPT 的两类用户身上：第一类用户是大学生，第二类用户是职场人。

为什么锁定这两类用户呢？

这还得从用户的纵向生命周期来看秋叶 PPT 的渠道布局。

因为离开了用户本身的研究也就无法精准地锁定用户所在的渠道。

我们一起来分析这两类用户的特性及其所归属的渠道。

第一类用户：大学生。

大学生涯的最后阶段已经离职场之门只差一步之遥，而这个时候大学生已经要开始考虑为进入职场做准备，但是职场有很多技能是在学校学习不到的。比如，如何制作PPT、如何制作出好用的PPT，这些内容都超出了学校本身的教育范畴，而大学生要获得这一方面技能的提升，只能额外去寻找外部的教育资源来弥补自己在这方面的短板。

除了大学生本身要为进入职场做准备外，大学生这个群体是职场类教育最大的蓄水池，人员极其集中，传播力又很强，学生之间能够互相影响，如果能够提前干预影响到这个群体，不但可以减少对接渠道的复杂性，也远远比去影响零散分布于各职场环境中的人要容易操作。

学生群体有这样的特性与能量，也让很多品牌非常愿意开拓学校的渠道。对于很多大品牌来说，品牌教育从学生时代抓起，不但容易教育，而且先入为主也能帮助品牌保持持久的影响力。

第二类用户：职场人。

进入职场之后，就已经真正进入对于PPT应用的高频阶段，毫不夸张地说，每一个需要电脑办公的职场人几乎都要应用这个软件。

这么高频的使用，职场这个群体是一定要拿下的。但是在职场当中又存在这样一种情况，PPT 的确是一个很刚性的应用技能，至于 PPT 做得好不好，却不一定每个职场人都有要求。所以在这个群体当中会进行分化，而分化的动因是什么呢？不外乎两点：

一是领导给的压力。你 PPT 都做不好，逻辑混乱，工作汇报一塌糊涂，让人头疼。

二是客户给的压力。PPT 是给客户展示的重要方式，难以想象一个逻辑不清、毫无美观度可言的 PPT 能让客户抱有好感和专业的信任度。

所以无论是大学生，抑或是在各种现实挑战与压力下的职场人，学习 PPT 的需求就产生了，用户与渠道才正式开始匹配起来。

这两类用户里面，大学生基本以高校渠道为主，职场人则分布在更零散的渠道中。

那如何来构建渠道矩阵呢？

综观秋叶 PPT 的渠道，分了这样几条线路：高校渠道、办公工具渠道、在线课堂渠道、新媒体职场渠道、图书渠道、B 端政府或企业渠道。

1. 高校渠道

2019 年 3 月，秋叶 PPT 联合“微软听听文档”发起了“我给母校送模板——第一届高校 PPT 模板设计大赛”，鼓励大学生用自己所擅长的 PPT 技能为自己的母校献上一份礼物。

“我给母校送模板”大赛吸引了全国超 215 所高校学子的参与，甚至收到了国外留学生的投稿，截至 2020 年共举办两期，累计收到超 1000 份投稿作品，PPT 总页数超 35000 页，精选作品已被收录到微软官方 Office 模板网站 OfficePLUS.cn。

这个活动也让秋叶 PPT 在国内的众多高校渠道迅速获得了知名度和美誉度。

2. 办公工具渠道

秋叶 PPT 与“微软听听文档”合作发起的“我给母校送模板”活动，就是从工具端获得办公平台的支持与认可的。

能够获得微软这类享誉全球的官方平台的品牌加持，也提升了用户对秋叶 PPT 这个品牌的认可度。

而微软也需要类似于秋叶 PPT 这样的优质办公软件教育品牌进一步扩大其用户数，所以这也是品牌双赢的过程。

3. 在线课堂渠道

在线课堂已经成为众多线上教育的首选合作平台。

秋叶 PPT 与网易云课堂、腾讯课堂、淘宝大学、百度文库均有合作，而在这些渠道当中的用户都抱着学习的目标，需求很明确，秋叶 PPT 在这些在线课堂的课程销售也取得了让人瞩目的成绩。

4. 新媒体职场渠道

秋叶 PPT 还入驻了重要的新媒体平台，卡位各平台的职场板块，包括新浪微博职场、今日头条职场、百家号职场、微信订阅号、微信视频号、抖音、知乎、豆瓣等国内重要的具有影响力、公信力的新媒体平台，通过对各大平台职场板块的深耕，深度影响追求自我提升的职场人士，进而刺激需求，引流转化。

5. 图书渠道

秋叶团队陆续出版系列精品图书，如《说服力：让你的 PPT 会说话》《说服力：工作型 PPT 该这样做》《和秋叶一起学 PPT》《和秋叶一起学 Word》，其中“说服力”系列图书已成为 PPT 领域极具影响力的系列。

6. B 端政府或企业渠道

秋叶 PPT 还与政府、企业渠道有着紧密的合作关系。为这些渠道提供 PPT 的培训与定制服务，更让秋叶 PPT 的品牌口碑踏上了一个新的台阶。

本节小结

秋叶 PPT 从诞生到发展，抓住了绝大多数人的需求，针对用户的学习特点进行教育培训。

中国做 PPT 的高手不少，但是能将 PPT 做出传播力、营销力的，秋叶 PPT 堪称典范。

有好产品，还懂用户、懂营销，在每一个精准渠道内打爆，PPT 不只是一个办公工具，更是一把锁定用户的利器，靠着这把利器再补齐横向与纵向的产品，让整个商业模式始于 PPT，不止于 PPT。

要点提炼

1. 秋叶 PPT 通过这几年的发展，成为中国数一数二的 PPT 教育与服务品牌，而且基于所对标的职场用户的生命周期以及需求的挖掘，也从单一的 PPT 业务进一步延伸到了职场教育、新媒体、社群、图书、个人 IP 打造的领域。

2. 秋叶 PPT 将自己的用户锁定在即将使用 PPT 和高频使用 PPT 的两类用户身上。第一类用户是大学生，第二类用户是职场人。这两类用户中，大学生基本以高校渠道为主，职场人则分布在更零散的渠道中。

3. 秋叶 PPT 的精准渠道锁定：高校渠道、办公工具渠道、在线课堂渠道、新媒体职场渠道、图书渠道、B 端政府或企业渠道。

课后作业

请你根据秋叶 PPT 的渠道思维分析，找到一个线上教育品牌，尝试对其渠道进行分析和拆解。

- 选择品牌：______________________________

- 分析拆解：______________________________

____

____

____

____

____

学习加油站

1. 想要获得更多表格工具及学习资料，请关注微信公众号“刘芳在想”，回复关键词“流量”获得超 200 页的 PPT 学习资料包；

2. 关注微信视频号“刘芳在想”可观看更多精彩课程视频；

3. 添加个人微信号“fairy158158”交流。

4.3 花西子：绑定头部主播进军新媒体，国潮美妆闷声发大财

新生代人群被各路兴起的、以社交媒体为核心的媒体渠道塑造了审美观和潮流风向标，一时间新国货品牌、国风产品、国风 IP 风光无限，受到了强力追捧。

但要说美妆品牌当中将国风线路走得最为彻底、做得也相当扎实的，花西子一定榜上有名，且排位靠前。

2017 年 3 月 8 日，一个以“东方彩妆，以花养妆”为理念的彩妆品牌花西子诞生于中国杭州，同年 8 月入驻天猫开设花西子旗舰店。

花西子的品牌名称由来也极具中国风：花指以花养妆，西子指西施，“西子”二字取自苏东坡诗句“欲把西湖比西子，淡妆浓抹总相宜”。花西子品牌希望借此表达中国女性无论浓抹还是淡妆，都如西子般美丽动人的寓意。

相比于其他的国产彩妆品牌，花西子的国风属性更为浓烈，透露出非常强的墨韵气质，在颜值经济当道的彩妆行业

里通过产品的爆款颜值出圈，并契合了当下国潮崛起、汉服复兴的东风，花西子爆发的态势极其迅猛。而花西子也在着重打造中国彩妆界的代表，希望能代表中国之美，提升国民荣誉感。

我们再来看看它超群的业绩数据。

2017 年成立的花西子，在 2019 年天猫年销售额就达到近 20 亿元，2020 年更是突破了 30 亿元。这可是一个非常有意义的销售额，因为在资本圈当中，中国彩妆品牌的年销售额阈值一直是 10 亿元，而花西子用了 2—3 年就突破了这个数据。

2020 年“6・18”，花西子以 1.5 亿元的成交额位列天猫彩妆品类第一。

“2020 年双十一彩妆品牌成交额 Top 10”榜单中，花西子占据一席。而在天猫发布的 2020 年年度十大新品牌中，花西子也荣誉登榜。

花西子无论是从其产品定位还是设计上，无一不将国风的概念发挥得淋漓尽致，也借着国风的助力使业绩和市场占有率扶摇直上。

长期以来，美妆行业都是国际大牌占据主要的市场份额。

而随着"Z 世代"消费新势力的崛起，这批用户追求个性化的审美，不迷恋大牌，对产品的要求开始转变为好用、新奇、颜值高，这些成为他们新的消费观念，而新的行业趋势和消费特征的改变，也为国产的美妆品牌发力提供了充分的机会与红利。

花西子的品牌定位在国风彩妆的这条垂直赛道上，来与市场形成一定的区隔，无论是品牌的定位还是产品的颜值设计，抑或是产品的成分构成，都跟用户进行了良好的对话，并唤起用户的信任感。

花西子的用户成功地锚定了国风彩妆 +100—200 元价格带 + 有审美欲（即喜欢国风的人）+ 有一定消费能力的人群。而这一精准定位，也让它快速聚拢了一批粉丝。

要看懂用户，才能搞清楚这些用户在哪些渠道上。

我们先来看看花西子对用户的分析。

1. 用户对成分的追求

烟酰胺、海藻糖、阿魏酸、角鲨烷，这些曾经在护肤品中让人觉得生涩难懂的化学成分，却催生出一个"不明觉厉"的群体——成分党。

成分党这样一个特殊的群体以高知人群为主，尤其是

"95后"，他们对于护肤的专业度和细致性颇为讲究。成分党的消费能力十分强，高消费水平占比高达52%，所以品牌本身不再是高消费水平群体购物的唯一选择标准，产品的成分配方和实际功效反而成了大部分人更为关注的话题。

在花西子的产品营销中处处可见对于中国传统花草成分的使用和说明，这就在很大程度上讨好了成分党。而成分党不管对于成分到底精通多少，"源自花草"这一点对他们来讲就已经十分有说服力了，也具有很强的传播力。

成分党对社交平台的偏好也非常显著，常常会通过豆瓣、小红书APP等社交媒体分享平台，逐步提高购买护肤品的"经验域"，而这些平台的话题发酵，本身对品牌就是极好的声量提高。

2. 用户对品牌调性的追求

相比其他品牌，花西子在国风定位上的特征十分显著，放到一众彩妆品牌当中，识别率也非常高。而具有这么高的识别率和这么显著的特征，恰恰吻合了年轻用户群体对于品牌调性的狂热追求。

用户会在很多平台看到花西子充满国风或者民族风情的产品及惊艳的设计，而这些恰恰戳中了国风爱好者圈层，甚至影响了非该圈层的群体。

3. 用户对产品颜值的追求

花西子的颜值可谓独树一帜，其他品牌的美妆产品主打快时尚、极简、轻奢等调性，花西子凭借着自己独有的国风高颜值赢得消费者目光。

花西子首创的雕花口红进入市场，一时爆红。口红最大的特点在于融入了微雕工艺的设计，将花朵雕刻在口红上，开了国内立体纹理口红的先河。

除此之外，花西子还推出了一款现象级的百鸟朝凤眼影盘，在眼影盘上还是用了浮雕的技艺，将屏风的元素和凤凰羽毛结合在一起，打造了一款好看的九色雕花眼影，成为用户的心头好。

而为了打造高颜值的产品，花西子还邀请用户参与产品的研发与迭代过程，真正了解用户的痛点，提升用户参与感，无限接近用户，在这个社交媒体时代与用户建立了高度的信任关系。

4. 用户对品牌背后故事的追求

花西子自成立以来推出了数十款复刻东方传统工艺、弘扬中国传统文化的彩妆产品，并且推出了一款年度重磅产品——“苗族印象”高定系列，堪称惊艳。

该系列产品首次将目光聚焦于中国少数民族，而聚焦少数民族、深刻挖掘少数民族公益与文化，将其作为大众消费品的创意来源，花西子算是开了一个先河。

5. 用户对个性化的追求

在人均收入水平提升、人口年龄结构变化、消费心理与习惯改变等多重因素下，“90后”及“00后”群体正式成为消费主力军，伴随着自我认知意识的觉醒，当代消费群体追求个性化和寻找有着共同价值观的消费爱好群体的愿望越发强烈。

当用户清晰之后，花西子是如何精准找到用户所在的渠道，并且规划渠道矩阵的呢？

新媒体的出现改变了媒体传播的路径，也改变了用户的信息获取方式。

人们越来越倾向于在各个新媒体渠道中获取来自KOL（关键意见领袖）的意见。而现在KOL则被视为一种全新的营销手段，它充分发挥了社交媒体在覆盖面和影响力方面的优势，并且KOL的粉丝黏性很强，价值观认同感很高，所以如果能够获得KOL的推荐是带有光环的，粉丝们也会认同，甚至转而去购买 KOL 带货的产品。

而在当下，影响力非常大的新媒体莫过于短视频、直播。

当某头部主播在直播间和视频当中说出自己的标志性语言“oh my god，买它买它买它”的时候，每次都能彻底打开观众消费的欲望之门。

在 2019 年双十一购物狂欢期间，该头部主播为电子零售商淘宝创造了 1.45 亿美元的销售额，而前一年，他在短短 5 分钟内就售出了 1.5 万支口红。

在 2020 年的双十一，他的带货规模达到了 10 亿量级，这种个人销量超过单体商场的带货能力，令无数品牌趋之若鹜。该头部主播甚至入选了美国《时代周刊》“下一代百大影响力人物榜”。

花西子在渠道的选择上非常敏锐，深度捆绑头部主播，快速实现了从原来默默无闻到亿元彩妆的品牌飞跃。

如果说品牌传播建立的是用户对花西子的认知形象和信任，那么流量渠道则是花西子为销售负责的关键一步，这主要是通过花西子和头部主播的深度绑定实现的。

花西子与头部主播合作，是其品牌破圈的第一步。

2019 年 3 月，已经大红的某头部主播正式在直播中花式推荐花西子的空气蜜粉。而花西子在 2019 年 9 月官宣了该主播作为品牌的首席推荐官，此举让花西子的百度指数创新高，也助力其品牌在当年的双十一爆发。

更值得一提的是，在 2020 年 2 月，花西子旗舰店 40% 的销售额来自该主播，该主播对花西子的崛起可谓功不可没。

我的许多朋友，几乎都是在抖音等平台上该头部主播的视频或者直播中，认识了花西子的空气蜜粉。

而凭借空气蜜粉这款爆品，花西子顺利切入了彩妆市场，而后续推出的雕花口红也成为年度爆款，销量大幅增长。

除了和头部主播合作，花西子也邀请腰部主播为产品加持推广，加上持续不断的话题营销，爆款产品顿时火遍全网。

顶级主播主力破圈，腰部达人加持热度保持品牌的声量，让花西子收获了口碑，直播作为关键渠道功不可没。

除了直播，花西子也在小圈层内进行营销，尤其是从用户高度一致的国风粉当中入圈来进行精准营销，击穿国风粉圈层，让整个品牌的认知度有了极高的提升之后，再去做全方位的引爆种草。

除此之外，花西子在小红书 APP 等社交媒体渠道也布局了以种草为主的内容营销，而种草这种分享推荐商品的优秀品质、以激发他人购买欲望的行为，是让用户在极其舒适的情况下受到产品的影响，进一步强化了花西子的品牌认知和销售转化。

本节小结

花西子惊艳的产品设计与细节，打造超强的以中国风为定位的品牌力，合作头部主播，并结合其他腰部 KOL 来扩大整个粉丝群的覆盖，通过击穿小圈层来影响更多的用户，进行全方位的新媒体渠道种草，引爆品牌能量。

花西子顺势而为地走了一条非常快的引爆之路。它的崛起为打造优质的中国国货品牌树立了一个良好的典范。

要点提炼

1. 看懂花西子的用户，才能清楚这些用户分布在哪些渠道上：用户对成分的追求、对品牌调性的追求、对产品颜值的追求、对品牌背后故事的追求、对个性化的追求。

2. 人们越来越倾向于在各个新媒体渠道当中获取来自 KOL 的意见。和头部主播合作是花西子品牌破圈的第一步，同时也邀请腰部主播为产品保持热度，加上话题营销，爆款产品顿时火遍全网。

3. 花西子从核心的国风粉当中入圈来进行精准营销，击穿国风粉的圈层。

4. 花西子在小红书 APP 等社交媒体渠道也布局了以种草为主的内容营销。

课后作业

请你根据花西子的渠道思维分析，找到一个美妆品牌，尝试对其渠道进行分析和拆解。

➤ 选择品牌：____________________

➤➤ 分析拆解：____________________

____

____

____

____

____

学习加油站

1. 想要获得更多表格工具及学习资料，请关注微信公众号“刘芳在想”，回复关键词“流量”获得超200页的PPT学习资料包；

2. 关注微信视频号“刘芳在想”可观看更多精彩课程视频；

3. 添加个人微信号“fairy158158”交流。

4.4 格力：2020 年直播带货 476 亿元，线上 + 线下一体化布局新零售

要说中国靠着卓越的技术实力赢得人们尊重的家电类品牌，格力一定榜上有名。

谈到格力，我们不禁会想起那句“让世界爱上中国造”，而这句话也成了格力电器的光荣与梦想。

格力的业务范围所涉甚广，但最让用户熟知的当数格力空调。

经过 20 多年的耕耘，格力空调已经凭借优秀的产品家喻户晓，占据了中国 30% 以上的家用空调市场份额，成为国内充分竞争行业里为数不多的千亿收入、百亿利润与千亿市值的企业。

谈到格力，必须谈谈它的价值观。多年来，格力一直将用户摆在第一位，将诚信摆在第一位。格力刚入局做空调的时候，市场上的各个品牌都没有自己的核心技术，做不了压缩机等核心零部件，所以基本上各大品牌都是买零件回来组

装。但是同期的格力就特别注重产品的质量，零部件都用好的，机器比别人重很多，制冷效果好，噪声低不漏氟，经久耐用。

所以格力在市场开拓的初期，就树立了良好的品牌口碑。

做企业有时候得要一股傻劲，格力就是靠着这样的一股坚持诚信的傻劲，在用户中赢得了口碑，也让格力有了安身立命的基石。

当格力有了一定的技术积累之后，就开始自己研发压缩机、控制电路和电机、大型空调。在格力的观念中：如果是不成熟的产品不会推出市场，不拿用户当小白鼠试验。

在每年工信部的效能之星评比中，格力都能囊括第一。国际市场上，在家用空调领域，无论是讲销量还是论技术实力，格力都已经远超许多外国品牌。而在大型中央空调领域，格力也在稳步推进。

正如格力董事长董明珠所言：我们要把国家标准、国际标准作为门槛，以用户的需求为最高标准。

而正是这种以满足用户需求为导向的价值观，使格力不断交出让用户满意的市场答卷，也只有依靠更多像格力这样有使命、有责任心、立足于自主研发的企业，中国人才能用上好的国货品牌，才能真正点亮“国货之光”。

2020年以来，作为空调龙头企业的格力也受到了疫情的影响，其在线下的销售以及安装均受到了较大的冲击。董明珠透露，格力在2020年二三月的空调销售额几乎为零，仅在2月便亏损了接近200亿元。

面对疫情下的市场突变，同时也为了解决经销商的生存转型问题，基于线上+线下布局考量，格力的掌门人董明珠选择了亲身示范，通过直播带领格力走出困局。

董明珠选择在2020年4月24日于抖音开始她的直播首秀，但是这次首秀惨遭滑铁卢。因为直播遇到了持续卡顿的问题，直播间的销售额非常惨淡，只有23.25万元，高举高打却收获甚少，也的确在意料之外。

首秀不成，再来一战。在抖音绊倒，就从京东、快手站起来。

2020年5月10日晚，格力、快手等联合发起“让世界爱上中国造”系列直播格力专场，董明珠也开启了自己的快手平台直播带货首秀，并与快手千万级的网红合作引流卖货，搭档放大招。

而这一次直播带货的成绩也十分亮眼，30分钟3个产品的销售额就破了1亿元，60分钟单品销售破1亿元，全场3小时销量达到3.1亿元。

而更加亮眼的成绩在2020年6月1日“618大战”正式

开打当天，董明珠再度上阵直播带货，截至 6 月 1 日 24 点，本场直播全天实际成交额超过 65.4 亿元，不仅刷新了此前在抖音的带货纪录，更创下了家电行业直播带货史上的最高成交纪录。

综观 2020 年，董明珠分别在抖音、快手、京东等平台上直播，加上 8 场全国巡回直播，一共开展了 13 场直播，总计创下逾 476 亿元的带货成绩，妥妥地成为 2020 年的带货王。

外行人看热闹，内行人看门道。我们来看看董明珠直播背后的逻辑。

1. 为什么会选择直播的渠道？

一是直播更加具有真实性。通过直播可以直接呈现格力的产品，足不出户就可以在更大程度上消除产品与用户之间的信息偏差，相比于传统的文字图片信息更加符合大多数人的心理预期。

二是直播更加具有传播性。直播作为微社交时代的新方式，同时将文字、语音、画面等表现形式融为一体，观赏性强，适宜人群广，而且在传播性上比传统的传播方式具备更大的优势。

三是具有很强的社交性。直播将互动和有趣融为一体。主播和粉丝之间的互动，以及粉丝与粉丝之间的互动，都是以社交为基础的，而社交是最好的传播。

四是依托平台形成特定的圈层。直播形成了各种各样的圈层，特定的圈层文化可以让直播者与粉丝，甚至让粉丝与粉丝之间建立更加深层次的社交关系，而在这种关系当中进一步沉淀和扩散，可以增强用户与品牌之间的黏性。

五是具有更强的分享性。直播具有分享性，可以分享到各个平台，形成发散式的传播，这也是它火爆的主要原因。

六是多方位变现能力强。对大多数的直播来说，打赏礼物、带货是最常见的变现方式，而带货目前也是直播最火以及变现效益最高的方式。

2. 为什么董明珠首战折戟抖音?

一是董明珠本身不是职业主播，在还没有对直播套路跟氛围打造有着全方位了解之前，首战失利也很正常。

二是董明珠的人设虽然是成功的企业家，但是她的自媒体渠道的体量并不能形成有效的支撑阵地。和埃隆·马斯克、雷军这些擅长打造自媒体的企业家比起来，董明珠在自媒体上的声量确实处于弱势。

三是回归产品，空调本身属于高价值耐用消费品，但直播通常热卖的是几十元至数百元的产品，价格高、动辄数千元的空调家电，确实很难在一场直播当中就让用户做出购买决定，因为对用户来说，高价商品的决策成本高、决策周期长。

四是运营团队不给力。这种带货直播一定要提前进行预热，线上线下联合行动，各渠道要快速收集客户意向信息，意向收集之后在直播间公布价格与优惠折扣，这样更加能够促成直播间的交易。

3. 后续如何做出优化？

董明珠的直播带货由仅线上直播，调整为由经销商在线下渠道获得流量，然后由董明珠在线上直播间渠道内完成转化。

经销商通过在线下聚集流量，以地推的方式把周围的用户微信收集起来。

当董明珠在做直播的时候经销商给之前加了微信的用户发一个专属的二维码，用户扫描二维码进入董明珠的直播间，而这个二维码就可以识别用户是哪个经销商所带来的流量。

明确了经销商的引流价值，直播间要做的就是临门一脚的转化，转化之后再给经销商分钱。

4. 董明珠 13 场直播背后的深度思考是什么？

格力的线上和线下双优体验升级，将用户的体验感拉升到新的高度。格力不仅在开展直播，线下门店的场景化改造也在逐步推进，将传统的产品陈列转化为生活场景，为用户提供沉浸式的使用体验。

带领经销商转型也是格力非常重要且迫在眉睫的事情。

格力的直播还基于传播自身的品牌文化、扩大关系链、产业布局、区域联动、助推经济循环、为中国制造打造新名片的一盘子战略考虑。

综合来看，董明珠不仅仅在直播，而且借助直播下一盘推动格力新零售转型以及塑造中国制造名片的大棋。

本节小结

格力见证了中国企业从模仿到自主设计的变迁，也见证了中国制造到中国创造的启程。

如今的格力如何能够突破成长瓶颈，再造神话，极大地考验着企业领导人的商业智慧。只有突破成长瓶颈，进入下一个境界的企业和企业家，才能真正实现伟大的升华。

而格力线上＋线下布局新零售的故事，才刚刚开始。

要点提炼

1. 面对疫情下的市场突变，也为了解决经销商的生存转型问题，基于线上 + 线下布局考量，格力的掌门人董明珠通过直播带领格力走出困局。

2. 选择直播的原因：直播更加具有真实性、传播性、社交性、圈层性、分享性、多方位变现能力。

3. 为什么董明珠首战折戟抖音：本身不是职业主播，在自媒体上的声量处于弱势，高价商品的决策成本高、决策周期长，运营团队不给力。

4. 后续如何做出优化：由经销商在线下渠道获得流量，然后由董明珠在线上直播间渠道内完成转化。

5. 董明珠 13 场直播背后的深度思考是什么：格力的线上和线下双优体验升级；带领经销商转型，线上、线下结合起来；为中国制造打造新名片的一盘子战略考虑。

课后作业

请你根据董明珠直播的渠道思维分析，找到一个家电品牌，尝试对其渠道进行分析和拆解。

➊ 选择品牌：________________________________

➤➤ 分析拆解：________________________________

____

____

____

____

____

TRAFFIC MONETIZATION

05

第五章 内容思维

本章要点

5.1 引发用户共鸣，制造霸屏传播

5.2 钉钉：在线求饶，差评下逆风翻盘的教科书

5.3 B站：两代人的平等对话，《后浪》引发现象级刷屏

5.4 网易云音乐：善用用户UGC，地铁广告一夜爆红

5.1 引发用户共鸣，制造霸屏传播

国家统计局在其官网发布《2020年国民经济和社会发展统计公报》：中国互联网普及率为70.4%，2020年年末互联网上网人数9.89亿人，其中手机上网人数9.86亿人。在移动端的飞速发展下，移动端上丰富的新媒体平台也越发充盈着我们的生活。

在各新媒体平台中，PGC（专业生产内容）、UGC（用户原创内容）、OGC（职业生产内容）齐飞，但是从产出量来看，OGC是专业职务创造的内容，量少，较为稀缺，而现在的PGC与UGC难以进行明显的划分，统称为UGC，而UGC是新媒体平台主要的内容构成，所以从事自媒体的人数也非常庞大。

根据艾瑞网的调研数据，我国目前全职从事自媒体工作的人数超过370万，而兼职人数超过了600万，一共有970多万人从事自媒体行业，其中包括学生、年轻白领、专家学者、医务工作者、文学爱好者、教师以及绝大多数自由职业者。

面对新媒体发展的巨大潜力，内容创作者们不但被赋予了时代的使命，同时所面临的竞争也非常大。

比如，在公众号这一块，甚至有许多人喊出“公众号的红利期已经过了”，这句话从2014年流行到2021年，在这期间却也诞生了无数的优质大号。

而我们也逐渐看到自媒体的草莽时代已经过去，现在已经到了真正拼实力的时候。之前标题党靠吸引眼球赚取暴利的方式，慢慢也会被淘汰掉，只有真正有实力且能够为用户带来实际价值的内容人才能最终被留下来。

新媒体平台是一种更加高效、低成本的工具，而如何利用好这个工具，为用户创造出好的、解决问题的内容，才是新媒体人突出重围的关键。

移动化的场景嘈杂，不确定性多，多种活动会并行存在，所以用户的注意力非常有限，而且是被撕扯分散着的。在这种情况下，用户的注意力就变成了一项非常稀缺的资源，而所有的平台在争夺的就是用户的注意力。

比如，早上7：30我正在地铁上准备前往公司，整个地铁上都是刷手机的人。我从微博跳转到了微信，从微信跳转到了抖音，从抖音又跳转到了快手，最后又跳回了微博。我手机上所有的APP都在想尽一切办法吸引我的注意力，试图让我在它们的平台上停留更久的时间。

除此之外，用户的内容消费习惯也随着移动互联网的普及大有改变，越来越向非刚需和泛阅读过渡，更多的碎片化时间被消耗在轻松随性、具备新叙事风格和强烈个性内容的产品中，阅读门槛越来越低。而一切有门槛的阅读都在被自媒体消解，如专业词汇被口语代替，传统的研究文体架构被丰富的图文视频混排替代。

比如，我在朋友圈打开了一篇文章，这篇推文的标题是《瑞幸的场景化营销》，里面通篇都是瑞幸的场景化营销广告图，每幅广告图下面都附一句解释，整篇文章的文字不超过200字。然后我又切换到了抖音，乐呵呵地用几个小时刷小视频与直播。

不仅平台和内容发生了巨大的改变，甚至现在想看什么都不能为自己所左右。

从传统编辑分发到算法革命，再到通过人际圈层实现的社交分发，在互联网技术与算法的助推下，新闻资讯平台不断改进自身的分发模式，为用户提供更优质、更精准的内容，同时实现热点内容和个性化内容的高效分发，为内容营销提供强劲助力，当然这在某种程度上也让用户形成了一种信息茧房。

而正是随着自媒体从业者的增加、用户专注力的稀缺、用户阅读习惯的改变、分发逻辑的变化，所有的专业媒体人和自媒体人不得不面对一个事实，即用户数量大幅增加的机会越来越少，内容泛滥、用户的注意力有限、阅读量增长趋缓是近几年来遇到的瓶颈。

但同时，优质的内容更加受到用户的青睐，成为聚拢粉丝的王牌。

而优质的内容有哪些定义呢？

1. 有同理心

有同理心的内容道出的是社会大部分人的共同意识与心声，展现的是这个社会大部分人共同的问题，是我们个人完善自我价值观的参考案例，是发现社会问题的真实样本。

我曾经在某百万级粉丝大号上发过一篇名为《回家的路》的推文，展现人们为了回家与亲人团聚的各种情绪的特写。时值新年，正契合回家、团圆、春运等综合的社会情绪在此刻释放，所以推文一出，一夜之间阅读量破 10 万。

视频号“胡明瑜幸福心理学”发布了一个《父母老了，夜里你还敢关机吗？》的视频，揭示了当父母老去，一旦有什么紧急情况，如果儿女手机关机导致延误可能会产生的遗憾，击中了许多人的心灵。视频一经发布，播放量破 3 亿，点赞 1251 万次，转发 193 万次，评论 9.1 万条，收藏 12.2 万次，网络声量非常高。

2. 有用，有指导意义

内容对于用户来说有没有用？有多大的作用？对多少人有用？如何对更多人有用？在多长的时间内对别人有用？

比如，我教别人写文案，那这个文案到底对用户有没有帮助？能不能提升用户写文案的实际能力？能不能影响目标用户群体？是一直有用、可以带来长周期传播，还是用后即弃？等等。

3. 好玩，有娱乐性

在自媒体内容当中，娱乐泛化的现象越来越广泛，能够进入微博热搜榜 Top 10 的，往往有 6 条甚至更多是娱乐化的新闻。一些民众对于政治时事的关注度，远远低于娱乐圈八卦事件。

4. 能用强逻辑说服他人

一份好的内容是用演绎推理来构思、用归纳推理来呈现的，也就是逻辑要严谨，论证要精彩。而这里有 4 个关键点：结论先行、归纳分类、调整顺序、删减信息。

比如这段向领导汇报的话：上午 9：30 小 A 要去中国移动见客户，下午 4：00 小 B 要去上海出差，小 C 下午 1：00 至 2：00 要用会议室，哦对了，小 A 大概中午 12 点回来，老板，我把会议给大家安排在下午 2：00 至 3：00 了。

这种混乱的逻辑，老板估计已经听蒙了。

可以这样改一下：老板，我把会议给大家安排在下午 2：00 至 3：00 了。原因是这样的：一是，上午 9：30 小 A 要去中国移动见客户，大概中午 12 点才能回来；二是，下午 4：00 小 B 又要去上海出差；三是，下午 1：00 至 2：00 小 C 还要用会议室。所以会议安排在下午 2：00 至 3：00 是最合适的。

5. 好故事，唤起情绪共鸣

招商银行做过一个《世界再大，大不过一碗番茄炒蛋》的视频，将很旧的元素经过重组后讲了一个非常走心的故事，牵动了身在异国他乡的游子的情怀。从效果来看，50 万元的投放费用，48 万人观看后参与转发，达到了 4700 万的视频播放量，再加上大量的自媒体转发，播放量估计上亿，而这个产品在投放第二天就有了 3000 多份申请。

视频号号主“萧大业”发布了一个《相濡以沫》的视频，讲述了他年迈父母的日常生活点滴，以及父母之间互相陪伴的长情，这个视频唤起了无数子女对自己父母的爱与关注，单条视频播放 2.3 亿次，点赞 825 万次，转发 155 万次，数据可谓相当亮眼。

6. 具有社交货币的属性，帮助用户打造人设

社交货币当中有猎奇币、趣味币、文艺币、上镜币、形象币、利益币等。

比如，知晓百达翡丽手表品牌的人，应该都听过百达翡丽那句最著名的、具有极强社交货币性的广告语：“没人能拥有百达翡丽，只不过为下一代保管而已。”这句广告语凸显了百达翡丽手表值得代代相传的高价值。

7. 有搜索能力，卡住关键位置

即目标用户通过搜索引擎，在各平台一搜索就能很轻易地找到你。比如，在京东搜索“PPT”，第一排的四个产品，其中有两本图书都是秋叶团队的相关图书，这就是有搜索能力，或者说有卡位能力。

我们全面地了解了好的内容应该具备的关键要素，而在打造好的内容方面，带来刷屏级传播的钉钉、B 站的《后浪》以及网易云音乐的用户 UGC 地铁广告，都给我们做了非常好的内容思维的示范。

学习加油站

1. 想要获得更多表格工具及学习资料，请关注微信公众号“刘芳在想”，回复关键词“流量”获得超200页的PPT学习资料包；

2. 关注微信视频号“刘芳在想”可观看更多精彩课程视频；

3. 添加个人微信号“fairy158158”交流。

5.2 钉钉：在线求饶，差评下逆风翻盘的教科书

2020 年在疫情影响下，孩子们都被放养了很长时间，他们集体抱怨疫情期的学习安排，带火了一个国民“戏精”品牌——钉钉。

我们回顾一下起因。钉钉被教育部选中作为给小学生上网课的平台，本以为是 2020 年的“天选之子”，但万万没想到钉钉得到了 11 亿次下载量，整体评分却只有一星。

而这一星的来源竟然是部分学生对远程上课感到不满，听说打一星可以让钉钉下架，学生们就疯狂地给钉钉软件打一星，而且各种神评论集体出征。

来欣赏一下小学生“大型一星好评”现场。

比如：

有个软件名叫钉钉，直播上课我很震惊；
评论一看全是好评，应用商场只有一星。
在家学习再也不愁，但我不能关摄像头；
老师提问就装网卡，已经不能愉快玩耍。

还有：

这个软件真不错，让生活变得井然有序，假期变得更加充实，五星好评！（分五期付，每期一星）

更有：

因为疫情而被迫延长假期的我很难过，但有了钉钉后我又能看到慈祥的老师了，作业也加倍了，我太开心了。每天早上 8 点起床，吃完饭就马不停蹄开始听课，中午休息后与下午的课无缝连接，晚上又可以在家学到很晚去准备第 2 天的课，我好开心。

脑洞大开的学生们文采斐然，钉钉软件留言区各种神评论迭出。

“天选之子”钉钉怎么也没有想到，会因为被学生们集体吐槽而走红，只能发微博在线求饶，求孩子们高抬贵手。

虽然作为国家选定的线上培训 APP 无故被吐槽并非钉钉之过，但是遇到学生们的情绪爆发，钉钉也并未袖手旁观，而是赶快响应，开展了自黑、求饶、充满娱乐化的内容营销。

1. 大小媒体齐上阵引发社会关注

事件发生后，大小媒体抓住热点频频做内容烘托。但因为此事并非社会反面事件，而是学生们集体的情绪爆发，所以媒体的态度与立场还是正向的，如：笑喷！小学生狂打一星，钉钉在线“求饶”。

2. B 站鬼畜视频霸屏扭转局面

钉钉制作了一个《钉钉本钉，在线求饶》的魔性视频，跪求“五星好评一次付清”，一经发布，就在 B 站（哔哩哔哩）拥有了超过 500 万的播放量，成功登入全站榜单 Top 1。

钉钉不但将场景与歌词深度结合，也十分讨好用户，同时刺激催生了许多趣味 UGC 弹幕内容，进一步推动了品牌与用户之间的有效沟通。

其实从这则视频开始，钉钉就通过 B 站开启了它的“求五星付清”的逆袭之路。

钉钉再次于 B 站发布《甩钉歌》视频，该选曲改编自二次元大热单曲《甩葱歌》，钉钉在鬼畜风格道路上自我突破，也获得了一票年轻人的好感。在钉钉软件电子提示音与歌词“钉钉”的不断洗脑下，品牌传播的效果也立竿见影。

在半个月的时间里，钉钉完成了从无人问津到受人追捧，从 2 级小号到 6 级“UP 主”（上传者）的逆袭，这大概也是

2020年开年以来升级最快的"UP主"了。

一时间，B站的推送和排行榜里说的唱的全是钉钉，如UP主恶搞《你钉起来真好听》等，只要一条视频带上"钉钉"的关键词，就动辄获得几百万的观看量。而许多原来不用钉钉的人也因为自己关注的"UP主"发布了相关视频开始注意到"钉钉事件"，也随着这个事件的推进，逐步实现黑转路、路转粉。

而钉钉事件对于B站来说也是福音，鬼畜视频不仅为众多PUGC（专业用户生产内容）带来了红利期，也为平台增添了新的活力——官方下场与网友同乐大受热捧。

B站的用户平均年龄为21岁，是国内最大的年轻人文化社区，也是品牌面向年轻人传播的重要阵地。钉钉在B站通过弹幕与受众实现了交互式、趣味式沟通，不但丰富了品牌本身的传播内容，也让品牌形象更加个性鲜明。

放下身段，通过人格化的品牌IP形象，进行有情感、有温度的表达，与受众建立平等的有效关系。"钉三多"这个拟人化的形象让品牌不再是冷冰冰的符号，而是有情感和有温度的存在。

优质内容是品牌最重要的"出圈"武器。无论是一开始的《钉钉本钉，在线求饶》，还是后期的《甩钉歌》《我钉起来真好听》，都是钉钉对用户洞察之后与产品成功结合的优秀成果。这些好的内容更是让“钉三多”的拟人化 IP 形象丰满，将简单的消费过程转化为有趣的沟通过程，建立起品牌与用户的情感联结。

3. 阿里系软件互相帮腔共出圈

钉钉被狂打一星后，也炸出阿里“全家桶”出来帮腔，整个“阿里动物园”都在微博向钉钉表达了“人道主义关怀”，各大阿里系的官博纷纷在评论区里为钉钉在线“求情”，这也让已关注到和没有关注到这件事情的人，进一步强化了对品牌的印象，也带动了同系品牌的话题露出。

4. 地铁广告秀大打 IP 共情牌

钉钉投放了一组以“2020　我钉钉在线”为主题的地铁广告，文案中有疫情期间在家办公、在家上课、有趣好玩的事情，并搭配了“钉三多”、钉钉 emoji（表情符号）、“阿里动物园”以及知乎“刘看山”等 IP 形象，再次活跃在大众视野中。

“阿里动物园”的 IP 形象本身自带大量流量，与钉钉的共同出现放大了品牌传播的声量。

5. 钉钉发布会表达产品态度

在“钉钉 5.0 新品见面会”上，钉钉 CEO 陈航回应了被学生打“一星”之事。他表示：“会努力做好在线课堂，虚心接受小朋友们的意见，把寓教于乐、快乐上课的经验贡献给中国所有的班级和学校。希望到那时，小朋友们能够把五星一次付清。”

6. 钉钉 × 蒙牛跨界营销主题活动进一步与小学生用户联动

钉钉在微博上发起与蒙牛未来星的活动：“听说你们的才华无处安放，一星评论出口成诗。所以我们联合蒙牛未来星学生奶举办‘你好春天’征文绘画活动，只要你的作品被pick，就有机会被人民日报客户端等权威媒体刊载，还有开学大礼包等丰厚大奖等你来拿！”

先被黑再出圈爆红，钉钉的出圈之路吻合了哪些内容思维？

随着年轻群体的崛起，越来越多的企业在摸准了“Z世代”年轻人的脾性后，总结出了和他们沟通的套路，那就是用他们的语言和“梗”来拉近彼此之间的距离，让自身的产品更受欢迎。钉钉的这波操作无疑就是讨好年轻群体。

自黑式公关是企业的公关策略之一，即通过自黑、调侃、幽默等操作，更高效地渡过危机。在网络时代，“吃瓜群众”乐于从热闹中获得快乐，而真相却被娱乐给掩盖了，也显得不那么重要了。品牌如果善用自嘲自黑的方式向公众示弱，一改往日高高在上的姿态，那么具有娱乐性、趣味性的传播内容很容易带动网友主动加入二次创作和转发的队伍中，让整个传播的效果越来越好。

本节小结

本来是一次让钉钉紧张的公关事件，但钉钉凭借公关实力超强、用户的喜好摸得准、渠道的定位准、内容的娱乐感拿捏有度，并且紧贴用户情绪，弯得下腰、丢得了面儿，去贴近用户，与用户一起硬是将其变成了一场全网狂欢。钉钉的这次实力逆风翻盘可以载入 2020 年度内容营销的史册。

要点提炼

1. 钉钉响应迅速，开展了自黑、求饶、充满娱乐化的内容营销：大小媒体齐上阵引关注、B 站鬼畜视频霸屏扭转局面、阿里系软件互相帮腔共出圈、地铁广告秀大打 IP 共情牌、钉钉发布会表达产品态度、钉钉 × 蒙牛跨界营销主题活动进一步与小学生用户联动。

2. 通过自黑、调侃、幽默等操作，更高效地度过危机。具有娱乐性、趣味性的传播内容也很容易带动网友主动加入二次创作和转发的队伍中。

课后作业

请你根据钉钉的内容思维分析，找到一个互联网品牌，尝试对其内容进行分析和拆解。

- 选择品牌：________________________
- 分析拆解：________________________

____

____

____

____

____

学习加油站

1. 想要获得更多表格工具及学习资料，请关注微信公众号“刘芳在想”，回复关键词“流量”获得超200页的PPT学习资料包；

2. 关注微信视频号“刘芳在想”可观看更多精彩课程视频；

3. 添加个人微信号“fairy158158”交流。

5.3 B站：两代人的平等对话，《后浪》引发现象级刷屏

对于B站来说，要完成与出圈用户的链接，最难的并非请一个流量明星、换一个主题，而是如何做到既能完成与目标用户的对话，又能让现有的平台主流用户满意。

2020年5月3日晚，即五四青年节前夕，B站联合多家媒体发布的《后浪》在朋友圈刷屏，这个号称“bilibili献给新一代的演讲”的视频中，国家一级演员何冰走上舞台，以老一辈的口吻、以青年宣言《后浪》为演讲词，向中国的年轻人表达羡慕、认可、鼓励等多种情绪。“你们有幸遇见这样的时代，但时代更有幸遇见这样的你们”的核心思想贯穿整个视频。

后浪

那些口口声声“一代不如一代”的人

应该看着你们

像我一样

我看着你们　满怀羡慕

人类积攒了几千年的财富

所有的知识、见识、智慧和艺术

像是专门为你们准备的礼物

科技繁荣　文化繁茂　城市繁华

现代文明的成果被层层打开

可以尽情地享用

自由学习一门语言　学习一门手艺

欣赏一部电影　去遥远的地方旅行

很多人

从小你们就在自由探索自己的兴趣

很多人在童年就进入了不惑之年

不惑于自己喜欢什么　不喜欢什么

人与人之间的壁垒被打破

你们只凭相同的爱好

就能结交千万个值得干杯的朋友

你们拥有了　我们曾经梦寐以求的权利

选择的权利

你所热爱的　就是你的生活

你们有幸遇见这样的时代

但是时代更有幸遇见这样的你们

我看着你们　满怀敬意

向你们的专业态度致敬

你们正在把传统的　变成现代的

把经典的　变成流行的

把学术的　变成大众的

把民族的　变成世界的

你们把自己的热爱

变成了一个和成千上万的人　分享快乐的事业

向你们的自信致敬

弱小的人　才习惯嘲讽和否定

内心强大的人　从不吝啬赞美和鼓励

向你们的大气致敬

小人同而不和

君子美美与共　和而不同

更年轻的身体

容得下更多元的文化、审美和价值观

有一天我终于发现

不只是我们在教你们如何生活

你们也在启发我们

怎样去更好地生活

那些抱怨“一代不如一代的人”

应该看看你们

就像我一样

我看着你们　满怀感激

因为你们　这个世界会更喜欢中国

因为一个国家最好看的风景

就是这个国家的年轻人

因为你们

这世上的小说、音乐、电影所表现的青春

就不再是忧伤、迷茫

而是善良、勇敢、无私、无所畏惧

是心里有火　眼里有光

不用活成我们想象中的样子

我们这一代的想象力

不足以想象你们的未来

如果你们依然需要我们的祝福

那么

奔涌吧　后浪

我们在同一条奔涌的河流

截至 2020 年 5 月 28 日晚上 9 点，《后浪》在 bilibili 达

到了 2562.2 万播放量，27.3 万弹幕，156.9 万点赞，102.9 万转发。

2020 年 11 月 8 日，“后浪”被《青年文摘》评选为“2020 年十大网络热词”。

2020 年 12 月 4 日，“后浪”被《咬文嚼字》评选为“2020 年十大流行语”。

这本来是一个非常漂亮的传播声量的数据。

但是，这个视频一经发布后，网络上的声音也出现了非常严重的两极分化：一部分人被引发了强烈共鸣在转发点赞，但另一部分人对此持有疑问。

一夜之间，互联网形成了“前浪”和“后浪”两大阵营，为了这个对“年轻人”的告白掀起了一场大讨论，B 站又一次被推上了风口浪尖。

许多网友认为，视频中的“前浪”代表演讲者，大部分是现在这个社会的中坚力量，他们以过来人的身份自居，实际上高高在上却又试图弯腰顺眉，底气十足地循循诱导各位“后浪”要珍惜当前所得的一切，看似和和气气，其实在骨子里带着“我们老一辈打江山，你们小一辈坐江山”的权威即视感，用一种俯视的姿态看着“后浪”们。

争议派中的“后浪”不买这个账，他们认为视频中过于精英化的生活只能代表物质条件最优越的那一群年轻人的处境，而这一部分人实际十分少，他们玩跳伞，玩 Cosplay（角色扮演），喜欢汉服、摄影和潜水，一副享受自由人生的模样，而更多的人实际上还在生存线上苦苦挣扎。

有网友还认为，《后浪》中出现的人物，脱离了大部分“后浪”的生活现状。《后浪》看似沉静、理性、和谐的解说，实际产生的效果却更像是中年人的狂欢。

B 站此举，到底意欲何为？到底在讨好谁？

乘着“二次元经济”的东风，成为手握 1.3 亿年轻用户的文化社区和视频平台，B 站正在全力冲刺。

2019 年以来，B 站加速“出圈”，聚拢更丰富层次的用户。

2020 年跨年晚会火爆后，B 站大力扶持 UP 主，积极引入央视新闻、中科院物理所等各种专业内容团队，内容越来越趋向主流化。

时至今日，依赖于多元的内容创作，B 站已经拥有音乐、影视、科技、时尚等 15 个分区，衍生出 7000 多个文化圈层、800 多万个标签，成为丰富多彩的新型文化社区，Vlog（视频网络日志）、泛知识学习类内容成为 B 站 2019 年播放增长最快的细分内容。

B 站以小众文化圈层起家，但小众文化与企业本身发展出现了不适配的情况。

2020 年，B 站之所以急于出圈，原因就在于以往把自己的用户局限在二次元受众，但这部分用户毕竟只占少数，当用户与数据增长逐步见顶时，扩充就成了当务之急。

所以，B 站要出圈，已成为业内关注的大事。

从用户数据来看，B 站的出圈战略取得了巨大成功。

2020 年第三季度财报显示，B 站目前月均活跃用户已经达到了 1.97 亿，同比上涨 54%，其中移动端月均活跃用户达到 1.84 亿，同比上涨 61%。从横向对比可以看出，第三季度月活跃用户数环比增长 14.92%，月活跃手机用户数环比增长 20.01%。

这些数字表明，B 站已完成 2020 年年初制定的“1.8 亿用户”的目标。

理解了 B 站的出圈战略，就能理解为什么会有《后浪》的出现了。

B 站之前所放弃的用户群体，资本市场想让它拉回来，把用户与营收业绩做高。

《后浪》策划团队负责人、B 站市场中心总经理杨亮表示：这不是一部仅仅拍给年轻人看的视频，也是拍给更多人看的，只不过，不同年龄阶段的人发表个人意见的渠道和方式都不同。“年轻人可能不会在自己的朋友圈转发，但是他会在自身所聚集的地方去发表一些意见，大家理解的发言语境不一样。”

简单来说就是：B 站希望自己的用户群体更广泛。

但是如果B站要出圈，同时又要入圈，会遇到哪些问题呢？

B 站要平衡两个相互矛盾的目标：既要进一步扩大用户基数，覆盖不同兴趣用户，又要不损害内容调性及既有用户的体验。若不能平衡这两个目标，既有可能面临快手、字节跳动乃至腾讯等头部流量平台发起的“降维打击”，也可能因为用户调性的丢失，让 B 站逐渐丧失特点，而其目前贡献重要收入的二次元游戏业务也将折戟沉沙。

所以，既要利用泛用户领域做体量，又要下沉内容稳住基本盘，这才有了“矛盾”的《后浪》以及其刷屏事件。

能引发不同圈层对于文化和价值观的讨论，就是很好的内容，既能讨好未覆盖的用户，又能引发讨论来巩固现有的用户。

虽然视频面向的是年轻人，但转发者似乎更多的是中年一代。

这场定位于两代人的交心、对话的演讲，在表达理解年轻人的同时，也让那些深知生活不易的前辈追忆曾经的梦想，轻易俘获“70 后”“80 后”的心。

与其说《后浪》是在对年轻人进行赞美，倒不如说《后浪》在表达“前浪”的忧伤，也许是这些忧伤让部分转发视频的中年人感到了共鸣。

在如今的大环境下，中年危机成为一个社会焦虑的缩影，在这个时候，“鸡汤”的存在就至关重要。

《后浪》是中年人献给自己的一碗“鸡汤”，成功引起了中年群体的共鸣与注意，并自发进行社交传播。

其实，越是在低谷，越需要正能量的激励，只有积极的态度与行动，才能真正缓解生活中的焦虑与痛苦。

从《后浪》站在“前浪”的角度对“后浪”大加赞赏的文风看，《后浪》是在假借中年人的口吻，对 B 站的年轻人进行赞赏，既获得了中年人的共鸣与认同，也是在巩固 B 站的核心用户群体，同时从扩张用户及内容下沉上把功夫做扎实。

本节小结

站在“前浪”的角度与“后浪”达成和解，不但让“前浪”找到慰藉，也与部分积极的“后浪”产生情感上的共鸣。

虽然许多“后浪”对此视频的见解不一，但仍然引发了众多的 PUGC。

对于 B 站来说，是不是“后浪”和“前浪”并不重要，能覆盖更多用户、做出更多用户喜欢的好内容并唤起这些用户的认同感，让 B 站能够顺利出圈才最重要。

要点提炼

1. B 站之所以急于出圈，原因就在于以往其把自己的用户局限在二次元受众，但这部分用户毕竟只占少数，当用户与数据增长逐步见顶时，扩充就成了当务之急。

2. B 站要平衡两个相互矛盾的目标：既要进一步扩大用户基数、覆盖不同兴趣用户；又要不损害内容调性及既有用户的体验。

3.《后浪》是在假借中年人的口吻，对 B 站的年轻人进行赞赏，既获得了中年人的共鸣与认同，也是在巩固 B 站的核心群体，同时从扩大用户及内容下沉上把功夫做扎实。

课后作业

请你根据 B 站《后浪》的内容思维分析，找到一个互联网营销事件，尝试对其内容进行分析和拆解。

➤ 选择品牌：______________________________

➤➤ 分析拆解：______________________________

____

____

____

____

____

学习加油站

1. 想要获得更多表格工具及学习资料，请关注微信公众号“刘芳在想”，回复关键词“流量”获得超 200 页的 PPT 学习资料包；

2. 关注微信视频号“刘芳在想”可观看更多精彩课程视频；

3. 添加个人微信号“fairy158158”交流。

5.4 网易云音乐：善用用户 UGC，地铁广告一夜爆红

品牌在特定区域的线下营销活动往往受限于可触达的用户范围而导致传播难度加大。如何将区域的线下 + 全网线上联动营销进行全方位引爆，是众多营销人面临的难题。

在线下的营销渠道中，地铁广告作为户外广告中的佼佼者，曝光率高、覆盖人群量大，无论是品牌宣传还是营销效果都极其出色，所以地铁广告深受广告主的喜爱。

在地铁广告投放上有一个绕不过去的成功案例，那就是网易云音乐的刷屏级地铁广告。

在 2017 年 3 月 20 日，网易云音乐广告现身杭州地铁站，主题为“看见音乐的力量”。

该活动将网易云音乐中点赞数最高的 5000 条优质乐评，印满了杭州市地铁 1 号线和整个江陵路地铁站。以用户 UGC 文案为广告内容，网易云音乐把那些深深打动过我们的歌曲评论，用一句话或者一个故事，印刷在地铁广告上。这些意义非凡且内容优质的评论打动了无数人，在社交媒体上也掀

起一阵热潮，带来了网易云音乐的现象级传播。

网易云音乐在微博中这样说：今天，我们用那些深深打动过你的评论，包了一趟车和一个地铁站。这些曾在某时某刻让你忘记睡眠的睡前故事，曾让你感受到温暖和认同，如今也让无意间走近它们的人产生了共鸣。感谢那些在评论海报前驻足的乘客，让我们看见音乐的力量。

我们来看看这次的营销有哪些精彩亮点：

你还记得他吗？
"早忘了，哈哈！"
"我还没说是谁。"

喜欢这种东西，捂住嘴巴
也会从眼睛里跑出来

你别皱眉，我走就好

我听过一万首歌
看过一千部电影
读过一百本书
却从未俘获过一个人的心
周杰伦把爱情比喻成龙卷风
我觉得很贴切

因为很多人，像我

一辈子都没见过龙卷风

除了这些打动人心的文案，驻足观看、拍照发朋友圈的路人，也是本次营销的一大看点。

再来看看活动带来的数据效果。从相关媒体公布的数据来看，在网易云音乐推出地铁广告的时间，无论是百度指数还是好搜指数都在投放广告后出现高峰；从安卓下载量来看，也有一定的效果；另外根据移动应用数据服务商蝉大师分析的 IOS 下载排名，3 月 23 日网易云音乐位居音乐榜第 1 名，在总榜上也从之前的第 34 名上升到第 9 名。

网易云音乐的这次营销广告看起来铺天盖地，却并没有引起用户的反感，反而成功刷屏朋友圈，在社交媒体上展开另外一波“病毒式传播”。在这次广告之后，网易云音乐的百度搜索量一路飙升，可见这一营销活动的成功。这一教科书级别的案例，我们能从中学习到什么呢？网易云音乐是如何做出这次刷屏级的内容营销活动，在全媒体传播并放大效应的呢？

用一句话来解释：激发用户共鸣的高质量内容，自发带来全媒体传播效应。

我们先来了解一下网易云音乐的产品特色，才能更好地理解这次杭州地铁站的营销为何如此成功，也才能了解为何此次营销活动在全媒体网络中引发了这么大的声量。

网易云音乐是一款由网易开发的音乐产品，依托专业音乐人、DJ（流行音乐节目主持人）、好友推荐及社交功能，在线音乐服务主打歌单、社交、大牌推荐和音乐指纹，以歌单、DJ节目、社交、地理位置为核心要素，主打发现和分享。

截至2013年4月，中国互联网音乐软件市场已成一片红海，QQ音乐、酷狗音乐、酷我音乐等已占据大量的市场份额。然而，网易云音乐以一匹黑马的姿态，凭“音乐社交”的差异点切入市场，并在短短3年内突破2亿用户量。与此同时，互联网的趋势也在发生变化，活跃用户规模逐渐从传统的PC端（电脑端）转入移动端，而转入移动端，对音乐软件的用户覆盖更是利好。

本次网易云音乐的网红广告文案的来源就是其优质的评论区留言。翻看一下网易云音乐的评论区，里面很多的文案能够轻而易举地将用户带入情绪共鸣中。

从评论中不难发现，网易云音乐的评论区能够很好地让用户感受到歌曲的意境，评论区中几乎没有与歌曲内容完全无关的东西，也没有大多数评论区可能存在的语言谩骂等现象。使用网易云音乐的时候一边听歌一边翻看歌曲的评论区是一种独特的享受。

这就好比看抖音视频时的背景音乐，网易云音乐的评论区相当于视频部分，而音乐就是BGM（背景音乐），整个场景让用户有很强的代入感。用户在翻看评论区的过程中，不仅觉得评论区的文字与音乐的结合更加让人印象深刻，也会觉得歌曲本身更加好听。评论区的内容与音乐是一对天生的好组合。

实际上，音乐软件长久以来被定义为纯粹用来听歌的软件，而对于社交几乎是没有涉足的。但是从其评论区的建设上可以看出，网易云音乐在音乐软件的社交性质上下了不少的功夫。

另外，从用户的角度来看，网易云音乐的用户大致分为以下几种。

1. 大学生群体

时间相对充裕但是消费能力有限，喜欢尝试新事物，有很强的社交欲望，一个人的加入有可能引导一群人的加入，如当一个人选择使用网易云音乐时，就容易在群体内爆发传播。

2. 年轻职场人

生活节奏快，刚刚步入职场时消费能力相对于大学生群体而言略有提升，上下班通过公交以及地铁出行的比例高，网易云音乐可以很好地满足他们等车或者坐车时的娱乐需求。

3. 年龄较大的人群

这一部分人不是网易云音乐的主流用户，但是拥有很强的消费能力，有很强的经济能力来满足自己的需求。

4. 音乐提供者

音乐提供者包括音乐的上传者、歌词的提供者以及音乐人，他们可能是音乐本身的作者，也可能不是，而这些用户是网易云音乐内容的主要生产者。

所以从总体来看，年轻化、追新潮、快节奏、场景化是网易云音乐用户的几个重要画像特征。而一群人对同样一首歌的喜好、评论，则让这个音乐社交软件成为精神栖息所。

网易云音乐这次的营销完全采用了用户 UGC 内容进行营销放大，其特点有：

◎ 因为内容均源于评论中的高赞留言，代表了大多数人的思想，所以与用户个人强相关；
◎ 源于用户自创内容，更贴近真实的生活情景；
◎ 内容更亲民，用户不会觉得自己“被代表”；
◎ 让用户说服用户，更有信任度。

网易云音乐凭借其聚焦小众品位和高热歌词评论的精准定位，在短短几年就抓住了互联网上最善于产出内容的主流用户，不断出圈。

网易云音乐尽管在版权音乐上没有占据优势地位，但其特别有效地调动和运营UGC内容、歌曲评论，通过对热门评论内容的机制化运营和内容营销曝光，把“听歌+看评论”变成了一个强大的标签和卖点，在音乐APP中上演了一场后来者居上的好戏，不能不说网易云音乐调动UGC资源的功力很深。

所以，对于文艺青年来说，网易云音乐成了他们的标配，有钱可以买来版权，但是独特的社交氛围却不是钱可以买来的。

这次营销活动过后，时任网易云音乐VP（副总裁）的李茵表示：“地铁上的乐评，都是精挑细选出来的。而选择标准很简单，只有一条，那就是：只传最打动人的内容。”

为什么呢？

因为地铁这样的广告阅读场景非常特殊，地铁上很难区分出个性化用户，男人、女人，学生、职场人，老人、中年人，各种各样的人群结构，在这样的场景下，能触发他们产生共鸣的内容会是哪些呢？营销团队必须结合泛人群的阅读场景，将最普适、最让人流泪走心、最能俘获大众用户情绪的内容放进来，这对团队的内容评审能力是很大的挑战。

结果证明：优质的用户UGC内容的确俘获了一大片的用户，带来了刷屏级的传播效应。这也给许多有着优质用户UGC的平台以启发。也许，用户既是消费者，也是产出者，甚至未来成为获利者会是商业发展的趋势。

本节小结

网易云音乐的地铁广告取得成功，其一，在于大面积的投放，品牌专列、品牌灯箱、地铁梯牌，简单来说就是承包了整个杭州 1 号线，如此强烈的视觉冲击，用户不看到都难。

其二，网易云音乐开创了独特的音乐模式，最特别的就是网易云音乐的评论区。有一句话是这么说的："总有一首歌里有你的故事。"打开网易云音乐评论，每一首歌下面都有不同的精彩评论与故事，而网易云音乐这次地铁广告最成功之处就在于：用听众的故事去打动听众，源于用户却又能够直击心灵的内容营销。

要点提炼

1. 网易云音乐激发用户共鸣的高质量内容，自发带来全媒体传播效应。

2. 网易云音乐的营销完全采用了用户 UGC 内容进行营销放大，其特点有：内容均源于评论中的高赞留言，代表了大多数人的思想，所以与用户个人强相关；源于用户自创内容，更贴近真实的生活情景；内容更亲民，用户不会觉得自己“被代表”；让用户说服用户，更有信任度。

课后作业

请你根据网易云音乐地铁广告的内容思维分析，找到一个地铁营销事件，尝试对其内容进行分析和拆解。

➊ 选择品牌：________________________________

➤➤ 分析拆解：________________________________

____

____

____

____

____

学习加油站

1. 想要获得更多表格工具及学习资料，请关注微信公众号“刘芳在想”，回复关键词“流量”获得超 200 页的 PPT 学习资料包；

2. 关注微信视频号“刘芳在想”可观看更多精彩课程视频；

3. 添加个人微信号“fairy158158”交流。

TRAFFIC MONETIZATION

06

第六章　场景思维

本章要点

6.1　深入用户的实际生活，在场景中掘金

6.2　神州：在用车场景上较量，拿下难啃的出行份额

6.3　江小白：抓住小聚、小饮、小时刻和小心情，直击年轻用户群

6.4　街电：深入布局全场景消费业态，护航用户便利新生活

6.1 深入用户的实际生活，在场景中掘金

现代商业中优秀的产品很多，但是也不要给优秀的产品都“封神”，因为它们当中有许多并非一夜之间的灵感乍现，而是深入实际生活当中进行细致体验和思考总结出来的，也就是结合具体的场景设计出来的。

首先我们要搞清楚一个问题：什么叫场景？场景一词原本是影视术语，是指在特定的时间、空间发生的行动。

那么：场景当中包括什么？

一个完整的场景包括时间、地点、人物、行为。

◎ 时间：说明在这个时间点会发生什么？

◎ 地点：说明在这个空间里要发生什么？

◎ 人物：说明谁处于这个时间和空间里？

◎ 行为：说明在特定的时间、空间里，这个人物做了什么？

而时间、地点、人物这三点为行为的发生做好了一切的铺垫。

其实“场景”可以简单地理解为“时空片段”。

比如，电影《泰坦尼克号》里面经典的场景就是当杰克和露丝站在船头，露丝说自己想要跳下海的时候，杰克抱着她说“You jump, I jump”（生死相随），这是见证他们感情的一幕。

用场景逻辑来解释：

时间：当他们站在船头；

地点：船在海上漂浮；

人物：杰克和露丝。

如果我们看了整部电影并了解了杰克这个人物的个性与设定，就会发现在电影中，当露丝说自己要跳下海的时候，杰克一定会抱住她说“You jump, I jump”。前三点都是为杰克后续的行为做了铺垫。

这就是一个完整的电影场景。

而对于一个走进电影院观看这部电影的观众来说，他们期待看到的是一对有情人许下对彼此的诺言，爱情能够完满。我们可以基于此反推出这是大多数渴望爱情的用户在这个场景下集中的行为反应，而刺激用户产生这种集中的反应，正是导演需要的。反之，如果用户看后反应不一，观点撕裂，那说明这个场景的行为引导失败。

我们每天都生活在不同的场景下，而不同的场景、不同的角色，也蕴含着不同的市场。

而在商业上，也越来越流行采用场景思维去设计产品、营销、运营等。

场景放在商业当中有什么作用呢?

◎ 还原用户的实际行为；

◎ 将自己放在用户的角度去看待每个细节；

◎ 可以探索出产品或服务能够触达用户的机会点；

◎ 可以引导出商家需要用户发生的动作。

比如，你是一名广告商，准备在封闭的电梯里投放褚橙的广告。我是一个普通的上班族，在下班的时候走进电梯，当我走进电梯的一刹那就进入了电梯这个场景当中。我在这个电梯当中，此时正处于什么样的心态? 是疲惫? 是焦虑? 是肚子饿，还是吃饱了? 我的眼神会停留在哪里? 会不会关注到褚橙的广告? 会不会被这个广告打动而产生下单的欲望?

这些是广告商在投放电梯广告时必须考虑到的场景细节，这也是具体场景在商业中的应用。

那么一个合格的商业操盘者应该具备哪些场景思维呢? 我认为有以下 3 点。

1. “用户白痴”

进行场景模拟时，一定要抛开知识的诅咒或者说专业的诅咒。要忘记自己的运营者身份和刻板的职业印象，将自己还原到那个即将进行具体行为的普通小白用户，变成一个对即将发生的事情一无所知，没有准备也不具备分析能力的人。这就是让自己进入“用户白痴”的状态。但是，你得用另外一个专业的自己来审视普通的自己在这个场景下出现的心理与行为。

2. 用户体验地图

要迅速画出用户在整个过程当中会出现的时间、空间和流程节点，并以此来还原用户在不同状态下的不同行为，寻求产品触达的机会。

3. 货架思维

货架思维有 3 个核心要素，即信息环境、竞争对手和虚拟购买者。

货架本身就是一个信息环境，而商品以及广告宣传物料则是购买的信息。现在有一个虚拟的购买者站在货架旁，这个购买者为什么买了竞争对手的产品，而没有选择你的产品呢？

用货架思维就能够很好地推演出来，可能的原因是：你给到用户的信息环境太薄弱，弱到一闪而过，对用户毫无刺激感；而竞争对手却具有最佳的陈列位置、最漂亮的陈列方式、最大力度的价格杠杆。

最后我们再来探索一点：如果将传统的线下场景与互联网场景进行结合，会迸发出多么巨大的效应呢?

我给雪花啤酒设计过一个营销活动：给消费者发放电子优惠券。在设计这个活动前，就必须考虑完整的场景：

时间：在什么时候发给他?上午、中午还是晚上?这取决于啤酒这个品类的消费特性，一般晚上消费更高频。

地点：在哪里发?是通过微信公众号发?还是待消费者到店购物支付后再发?如果通过公众号发，那么用户十分容易忽略和忘记，核销率一定很低；如果消费者到店后再发，那如何识别他到店了?

人物：发给谁?男士?女士?这里必须有明确的用户标签画像。

以上都梳理清楚后，再考虑用什么样的力度杠杆来刺激用户，让整个消费场景得以顺利实现。

又比如，你正在一个餐厅排队等位，商家在等位时间是不是可以拉个社群，让大家玩一款抢菜品福利的互动游戏?而成功抢到菜品福利的用户，可以派发当次券+二次复购券，为延长交易的周期做好铺垫，而获得奖品后也可以设置朋友圈转发甚至排名激励等方式，进一步刺激传播裂变的效应。

场景思维能够给商业带来的刺激实在是太多太多了。

要具有场景思维，首先要热爱生活，深入用户进行细节的捕捉，并且还原每一个场景，分析在每一个场景下用户的行为，对这些行为进行深度思考和总结，最后形成解决方案与产品，并放在每个被拆解的小场景下和用户进行接触。

下面我将为你剖析神州、江小白、街电 3 个品牌，带你进入它们的场景思维当中，去理解它们如何拆解场景，触发用户的行为。

学习加油站

1. 想要获得更多表格工具及学习资料，请关注微信公众号“刘芳在想”，回复关键词“流量”获得超 200 页的 PPT 学习资料包；

2. 关注微信视频号“刘芳在想”可观看更多精彩课程视频；

3. 添加个人微信号“fairy158158”交流。

6.2 神州：在用车场景上较量，拿下难啃的出行份额

2015年，出行市场几大巨头相爱相杀，硝烟弥漫。

随着一组“Beat U！我怕黑专车！”主题海报在网络上的疯狂传播，我们关注到，一个一向不张扬的神州专车终于在市场竞争中爆发，主动挑起一场大战。

在媒体的推波助澜下，“神州 PK Uber”俨然成为滴滴与快的情人节闪电联姻之后，国内专车市场的又一轰动性和话题性事件。

神州为什么突然发动“Beat U”大战？

回到2015年，随着专车市场中陆续出现“广州女乘客酒醉乘坐专车被司机性侵”“女乘客称给专车司机差评后遭殴打”“专车司机骚扰女大学生”等恶性事件，用户对专车的印象大打折扣。

而来自2015年新华网财经的一次调查显示，35%的“专车”乘客曾被司机索要电话号码，26.4%的乘客曾收到“专车”司机的骚扰短信，84.1%的乘客不知道在发生事故后如何

索赔。

而这些令人提心吊胆的事件发生之后，“专车”市场的弊病也逐步显露，“专车”在当时绝大多数由私家车充当，没有严格的筛选及管理制度，而司机也被许多用户及媒体评价为“多数怀有各种目的”。专车市场高速发展的同时，也因为管理机制不健全、商业模式不清晰而带来的安全隐患引发社会的高度关注。

而在出行专车这个狭小空间场景下，神州专车导演的一幕“Beat U”大戏正在悄然上演。

其实，在“Beat U”大战上演前，以“我怕”为主题的神州专车广告实际上已经提前十天登陆地铁、楼宇、影院等的显著位置为后续话题做铺垫。神州专车发布的海报明确点出“黑专车知道我的手机、住址，他们窥视我和我的家人，他们可能伤害我……我怕！”所以我们可以发现，“Beat U”海报是“我怕”广告的进一步延展和深化。

而海报中带有“U”字母的警示牌不由得让人联想到专车市场另一个主力玩家 Uber（优步）。由于 Uber 采用的是私家车接入模式，而这种模式是存在一定安全隐患的，从根本上来说难以解决司乘安全，更是频频与骚扰、纠纷甚至伤害等关键词挂钩。

彼时的 Uber 进入中国后，推出针对私家车司机的补贴，吸引他们带车“加盟”。但是，这种合作模式，必然会带来司机队伍素质参差不齐，而安全问题隐患也在这样的粗放式管理下埋下了种子。

正是因为在出行用车这个特殊场景下抓住了“安全”这个专车的“阿喀琉斯之踵”，一直号称坚持“专业车辆、专业司机”的神州专车在推出了自己的“五星安全计划”后，直接指向 Uber，将骚扰、隐私泄露、投诉难、理赔无门等 C2C（个人卖家—个人买家）模式带来的安全痛点逐一放大。

神州专车一系列以“安全”为主题的场景营销无疑是在与竞争对手形成明显的用户心智差异，试图通过“安全”这一核心问题占据用户心智。

但是这次营销一出街，网友们却炸了，纷纷调侃道：“装个 Uber 压压惊。”“神州广告太小家子气，甚至脑残！”

面对网友的吐槽质疑，神州专车用调侃的方式在官方微博做出回应，称神州的价值观很正，永远相信，安全的专车就是神州。

虽然网络上一片压倒性的调侃声音，但是也为神州专车的“安全”印象奠定了坚实的基础。

虽然质疑声一片，但是从这次场景营销的数据来看，神州实实在在打了一个翻身仗。“Beat U”营销事件之后，神州 APP 在苹果的 APP Store 中从第三十几位直接上升到第八位。

不仅如此，2015 中国十大营销盛典将神州专车“Beat U”事件评为“年度十大营销事件”，经此一战，神州专车知名度一举提高多级。此次营销让神州专车与其他品牌实现了差异化，传递出神州专车专业司机、专业车辆、安全保障的核心内容。

“Beat U”事件还只是拉开了神州场景营销的序幕，从用户的具体场景出发，神州围绕着“安全”这个差异点，构建了几大用户在用车时的场景，并牢牢锁住用户的心智。

场景 1：接送机——时间（乘机或下机）、地点（机场）和人物（商务人士）。接送机对中高端用户来说是一个中高频的刚性需求，也有出行必备的安全需求，神州强化了商务人士的用车需求，同时也避开了滴滴、优步的早晚高峰黄金竞争带。接送机业务另一个巧妙的地方，在于该类业务往往长路程、高客单，对于业务本身的效益最大化也与常规下班市场形成了差异化。

场景 2：会务用车——时间（会议时间）、状态（高端商务感受）。2015 年，神州专车制订了“头等舱计划”，也是避开抢占早晚高峰主战场的直接竞争带，从会务用车场景为高端会议提供专车服务。现在很多商务人士和企业都会选择神州，正是受神州推出会务用车的影响。

场景 3：夜晚加班——时间（加班的晚上）、状态（加班）、心情（担心夜晚安全）。很多商务人士，尤其是女性用户会在晚间出行时为了满足其安全的需求而选择神州专车。神州专车专门在写字楼投放广告，主题就是“放心睡”，明确告知用户夜晚加班回家时，选择神州专车，安心打个盹儿。

场景 4：孕妇用车——地点（妇产医院）、状态（孕期，对安全和方便的需求突出）。神州专车推出了孕妇专用的 APP 叫车入口“孕妈专车”，通过这个按钮叫车，孕妇能得到司机更好的照料和控速，车上还备有音乐播放和腰枕等贴心安排与物件。

场景 5：带子出行——状态（带小孩出行）。跟进家庭用车市场，主打安全牌，也是孕妇用车的一个延续。

场景 6：出差——地点（异地）。切割的是异地用车安全的差旅市场。在这个场景下能够切入的也恰恰是高端商务人士，以及对安全诉求高的用户群体。

本节小结

通过对用户用车场景进行分析，切割出具体细分的使用场景并进行实际的还原，神州在Uber和滴滴争夺市场的夹缝里，硬是啃出了一块市场，将用户最关注的“安全”印象，植入每一个细分场景中，稳固品牌印象并获得有效的流量转化。

C2C市场存在的先天不足，正是神州B2C（企业卖家—个人买家）模式的先天优势，在每个特殊的、格外强调“安全”的场景下强化用户印象，如一块压舱石一般，让神州这艘船有了稳定的基础，拿到更细分、更高端、更高客单的出行市场份额。

要点提炼

1. 神州专车一系列以“安全”为主题的场景营销无疑是在与竞争对手形成明显的用户心智差异，试图通过“安全”这一核心问题重新定义出行专车。

2. 神州的场景营销围绕着“安全”这个差异点，构建了几大用车场景，并牢牢锁住用户的心智。

场景 1：接送机——时间（乘机或下机）、地点（机场）和人物（商务人士）。

场景 2：会务用车——时间（会议时间）、状态（高端商务感受）。

场景 3：夜晚加班——时间（加班的晚上）、状态（加班）、心情（担心夜晚安全）。

场景 4：孕妇用车——地点（妇产医院）、状态（孕期，对安全和方便的需求突出）。

场景 5：带子出行——状态（带小孩出行）。

场景 6：出差——地点（异地）。

课后作业

请你根据神州的场景思维分析，找到一个出行品牌，尝试对其场景进行分析和拆解。

选择品牌：________________

分析拆解：________________

____

____

____

____

____

学习加油站

1. 想要获得更多表格工具及学习资料，请关注微信公众号“刘芳在想”，回复关键词“流量”获得超200页的PPT学习资料包；

2. 关注微信视频号“刘芳在想”可观看更多精彩课程视频；

3. 添加个人微信号“fairy158158”交流。

6.3 江小白：抓住小聚、小饮、小时刻和小心情，直击年轻用户群

酒类市场中，光瓶酒主要依靠价格竞争，产品进入的门槛和竞争壁垒相对较低，所以市场上存在很多光瓶酒，竞争也非常激烈。

而江小白抓住了酒的使用场景，叩开了白酒年轻人消费市场的大门，在竞争激烈的白酒行业中脱颖而出，站稳脚跟。

社会的消费分为四个时代，其中第三消费时代的特点是品牌化、个性化，追求“身份和归属”，这在当下的中国消费市场已逐步成为主流。而第四消费时代回归理性，讲求性价比，现在中国有些区域已经逐步进入了第四消费时代。

这就意味着两种消费模式同时存在：一方面，用户愿意为品牌和品质支付溢价，随之而来的是高端消费的崛起；另一方面，用户也更讲求产品的性价比。

在白酒行业中，光瓶酒的崛起也是第四消费时代很好的代表之一。

顾名思义，光瓶酒就是没有任何包装盒，能直接看到瓶子的酒，而且光瓶酒一直因价格实惠受到广大用户的青睐。

前些年，高端酒销量遭遇断崖式下跌，知名酒厂开始瞄准大众群体，光瓶酒迎来了利好期，将目标群体锁定为“80后”“90后”的江小白等新兴小酒正是在这个阶段脱颖而出的。

新的年轻消费主力群体生活方式简单时尚，传统白酒品牌的“高大上”风格和口味普遍不受年轻人的喜爱。江小白就是传统酒企的一个“搅局者”，它颠覆了传统酒业的严肃形象，为白酒赋予了更多的青春活泼与情怀形象。自2011年诞生以来，靠着场景化的文案语录，江小白创下非常多的营销神话。

众人惊呼，这个时代是怎么了，江小白——只卖20元一瓶的小酒，靠着瓶身上的场景文案却能年入30亿元，这个时代，似乎没有什么是不可能的了。

我们通常听到的白酒广告都非常高端，如“国酒”“中华魂”“年份窖藏”“古法酿造”等，而江小白的定位则是“青春小酒”，目标对象定位明确，做了一个细化的产品分支，独得市场青睐。

传统白酒的用户对标较为模糊，似乎除了小孩基本全覆盖，功能主要定位于社会交际。

但江小白颠覆了传统白酒“高大上”的品牌形象，直接精准定位于年轻人，即“80后”“90后”，并专注为他们服务。这类新生代人群，其实并不是传统白酒的主流消费人群。江小白树立了新的产品理念，乘互联网之势，拿下这个消费群体，补足了白酒行业消费群体的缺失。

物质化时代下的产品极为丰富，商品纷纷为了满足需求而诞生，但也面临着严重的同质化竞争。在这种情况下，江小白似乎是一个异类，作风并不像一个传统的酒企。

江小白围绕年轻人的兴趣，打造了集社交表达、情感寄托、文化代表于一体的青年人白酒品牌。

“青春不朽，喝杯小酒”，从这一宣传理念开始，江小白就逐渐登上了年轻人的酒桌。无论是包装还是文案，它都能让你一眼认出，把它记住。

所以也有人说江小白并不是一个酒企，而是一个文化创意公司。但这些人还是没有把江小白看明白。与其说江小白的文案写得好，不如说它致力于创造和进入特定的消费场景，打造具有记忆度、符号化的IP。

江小白的产品以经典的表达瓶为代表，并且相应推出了一组“我有一瓶酒　有话对你说”的表达瓶海报，围绕明天与今天、爱情、年轻、自由、想念等话题展开，表达瓶的拍摄背景都选在富有故事感的场景。江小白擅于营造喝酒的氛围，在这种氛围营造下，人的注意力容易集中，情绪传染也会加速，甚至不少江小白的粉丝表示：“虽然不喝酒，但我会为了集齐印在酒瓶上的个性语录而疯狂购买。”

而印在江小白酒瓶上的文案语录大多感性，能将人代入场景之中。

◎ 酒后吐出的真言，清醒时已经在心里说过千遍。

◎ 习惯了不期而遇，就不敢主动邀约。

◎ 想见你的人，二十四小时都有空。

◎ 我微醺时想起了你，那是你最美的样子。

◎ 你只来了一下子，却改变了我一辈子。

◎ 说不出的事叫心事，留不住的人叫故事。

◎ 与其奢求偶遇，不如勇敢邀约。

◎ 最好的默契是懂你的言外之意，也懂你的欲言又止。

◎ 我们的相识，是一场蓄谋已久的意外。

◎ 攒够了思念，等一场相聚。

◎ 没有恰到好处的事情，只有恰如其分的心情。

◎ 你看到的风景，是我们一起走过的曾经。

用场景思维来解析江小白的文案，我们似乎可以看到许多似曾相识的画面，比如以下这个场景。

人物：一个年轻人，特别想念前女友，深夜去买酒消愁。

想法：想把前女友忘掉，但又很难忘记过往，只能独自走过这段心路历程。

冲突：在情绪、酒精的作用下，更想念过往，心事涌上心头，但又理智地告诉自己，那是留不住的人。

行为：思念、怀旧等复杂的情绪发酵，心无处安放。江小白替这类用户发声和表达："说不出的事叫心事，留不住的人叫故事。"

公开的数据显示，江小白从2013年年销售5000万元至2018年年营销30亿元，其中，深入用户内心的场景文案功不可没。

江小白深深明白：当一个产品在某个场景下成为标配时，会拉动这款产品的销售。而如何将江小白变成特定的场景标配，就是整个品牌的头等大事。

江小白的产品主要归类于四种消费场景——小聚、小饮、小时刻、小心情，并且针对这四种消费场景，江小白都有对应的产品战略。

聚餐的场景：年轻人的聚餐时刻，是非常好的交互与传播场景，在这个场景下有专门为青春聚餐设计的大口畅饮系列“青春版”500ml 40 度。

个人小饮的场景：个人小饮场景有较强的私密性，但内心的情绪需要抒发，就有满足用户个人情绪表达方面需求的“表达瓶”100ml 40 度。

团建的场景：“拾人饮”2L 25 度，被赞誉为团队建设的神器。

三五好友小聚的场景：满足小型社交需求的“三五挚友”750ml 40 度的小酒。

此外，江小白还基于消费场景做了个性化衍生。江小白打造了 108 种口感，可以在江小白的基础上加入红茶、绿茶等，满足了不同场景和口味的需求。

人的生活其实就是处于不同的场景下，而消费也发生在特定的场景当中。消费者是通过场景来认知产品的，在不同的场景下，对产品的体验与感受也不同。很多时候，人喜欢的不是产品本身，而是当下的这个场景，以及自己当下的情绪。但是，当一个产品成为特定场景的标配时，就像江小白这样，为新生代的喝酒场景提供了解决方案时，就与单纯靠产品肉搏的酒企定位不同了，而有了更感性的意义。

本节小结

作为新消费商品中较有代表性的品牌，不得不说江小白在场景营销方面的成功是值得许多品牌借鉴的。

有过硬的产品力，拿下场景，打动用户，实现销售转化，这或许是相当理想的状态。但是，每个品牌均有其长处，亦有其短板，场景营销虽然引起话题很多，也很吸睛，但是关于江小白产品本身的争议，一直没有断过，巩固产品力恐怕也是江小白面前摆着的最严峻的课题之一。

要点提炼

1. 江小白围绕年轻人的兴趣，打造了集社交表达、情感寄托、文化代表于一体的青年人白酒品牌。无论是包装还是文案，它都能让你一眼认出，把它记住。

2. 与其说江小白的文案写得好，不如说它致力于改变消费场景，打造具有记忆度、符号化的 IP。

3. 江小白的产品主要是归类于四种消费场景——小聚、小饮、小时刻、小心情，并且针对这四种消费场景，江小白都有对应的产品战略。此外，江小白还基于消费场景做了个性化衍生，打造了 108 种口感，可以在江小白的基础上加入红茶、绿茶等，满足了不同场景和口味的需求，为新生代的喝酒场景提供了解决方案。

课后作业

请你根据江小白的场景思维分析，找到一个酒类品牌，尝试对其场景进行分析和拆解。

➊ 选择品牌：________________________________

➤➤ 分析拆解：________________________________

____

____

____

____

____

学习加油站

1. 想要获得更多表格工具及学习资料，请关注微信公众号“刘芳在想”，回复关键词“流量”获得超200页的PPT学习资料包；

2. 关注微信视频号“刘芳在想”可观看更多精彩课程视频；

3. 添加个人微信号“fairy158158”交流。

6.4 街电：深入布局全场景消费业态，护航用户便利新生活

如果说出门只允许带一样东西，会是什么呢？一定是手机。吃喝玩乐游购娱，一个手机全搞定。不能离开手机已经是人们的生活常态，但是，万一手机没电了怎么办呢？针对这一细分的需求，共享充电宝应运而生，且不断引发新话题。

共享充电宝这一模式兴起，各品牌加速抢占市场，纷纷烧钱留用户，以期在市场上谋得一席之地，但同类品牌接连倒闭、裁员的消息层出不穷，让资本圈也来唱衰这个新兴的商业模式。

2017 年 8 月，聚美优品收购共享充电宝公司街电，聚美集团董事长陈欧顶住舆论压力布局共享充电宝市场，持续构建“不断电生活圈”，在一众共享充电宝品牌中，街电率先突破“唱衰牢笼”。

前瞻产业研究院《中国共享充电宝行业市场前瞻与投资规划分析报告》显示：2019 年“三电一兽”四家公司已垄断

共享充电宝市场 96.3% 的份额（街电占 28.6%，小电占 27%，怪兽充电占 25.1%，来电科技占 15.6%）。

中研普华研究院《2020—2025 年中国共享充电宝行业市场竞争格局与发展前景预测报告》显示：2019 年共享充电宝市场规模 79.1 亿元。预测未来四年复合增长率可达到 40%，意味着到 2023 年市场规模将达到 303.9 亿元。

第三方数据报告分析机构艾媒咨询公布了《2019 上半年中国共享充电宝行业研究报告》，数据显示，2018 年国内共享充电宝用户规模已达 1.96 亿，预计 2019 年用户数将超过 3 亿。

其中，陈欧收购的共享充电宝品牌街电，根据官方公布数据，截至 2019 年年底，其累计用户数突破 2 亿，订单峰值突破 200 万，实现全国 95% 以上城市覆盖，包括吃喝玩乐游购娱以及交通、公共服务等全业态场景覆盖，稳守全行业第一。

凭借五年的布局和深耕，街电得到了数亿用户和商家的广泛认可，在艾媒咨询发布的《2019 上半年中国共享充电宝行业研究报告》中，街电在“中国主流共享充电宝企业网络口碑”“商家满意度”两项核心指数上，均居于行业之首，成为用户、商家满意度双料冠军。

此外，街电在数年发展历程中还收获了诸多专业领域的权威认可。2018 年，街电一举获得“中国新零售创新峰会年度最具独角兽发展潜力企业奖”。2019年，街电成功入围“2019新消费产业最具影响力企业Top 50”，并与华为、网易、腾讯等10余家企业同入围“2019全球卓越成就奖——2019年度最具影响力企业/品牌”，成为唯一获此殊荣的共享充电宝品牌。

街电属于共享经济模式下诞生的一个品牌。在剖析街电的场景思维时，我们要先了解什么叫共享经济，才能更好地理解共享充电宝这种商业模式的场景。

共享经济是指拥有闲置资源的机构或个人，将资源使用权有偿让渡给他人，让渡者获取回报，分享者通过分享他人的闲置资源创造价值。

而围绕着共享充电宝却有诸多的概念之争，比如：有人说真正的共享经济属于C2C，而共享充电宝就是打个共享经济的名头，实际上却是搞出租业务的，属于B2C。

但也有关于共享经济的另外一种更中立的态度：不要管谁是提供者，只要用户端即需即用，不管是由C端主导，还是由B端主导，都是一场新的消费主义观念的升级。

用更通俗的话来说，用户并不在乎是不是出租业务，而只关注能不能解决他的手机随时可能要充电的核心诉求，即一有需要，即可使用。

共享经济最初的定义是有效地匹配这个社会上闲散的资

源，哪怕这个需求量很小，频次也很低。但是，这是个最理想状态的假设，从供给方来说是不现实的，如果量小频低，共享经济有可能是“更不经济”的一种方式。但是一旦真的进入了量级规模，其承载的平台会自然地扩张为一家商业公司。

这个模式也可能是共享经济的未来，或者说未来的生产—消费结构：在供给端由商业公司主导，在用户端践行即需即用。

共享充电宝就是即需即用的商业模式代表之一。

作为共享充电宝行业的开拓性领军品牌，街电致力于发挥城市生活基础设施的便捷作用，而这个服务理念与许多线下商业的场景属性有着很高的契合度。街电通过全场景的深入布局，为用户带来“即需即用，随借随还”的便利充电服务。

对共享经济来说，最需要的就是场景。如果场景适合，就会有源源不断的用户需求发生并为其买单。综合来看，共享充电宝的适合场景是人员流动频繁的商超、景区、饭店、车站、影院、KTV、医院等城市公共场所。

作为用户占有率最高的共享充电宝企业，街电早就开启了全场景布局。

零售场景：餐饮、商超、便利店等；

娱乐场所场景：影院、KTV 等；

商旅出行场景：酒店、交通枢纽等；

公共服务场景：医院、书店等。

截至目前，街电核心签约客户有首旅如家、7-11、万达影城、新华书店、哈根达斯、喜茶等全国性知名连锁品牌。

街电的成功不仅在于市场份额以及用户数量的领先，更重要的是，业内对街电的评价是“街电是唯一一家没有走弯路的公司”。

如何实现不走弯路呢？街电做对了以下几点。

1. 选对用户的使用场景

从使用场景来看，目前共享充电宝有三类。

一是以来电科技为代表，主攻大场景；二是以街电科技为代表，主攻小场景；三是像小电科技一样，主打的是固定场景下的固定共享。

来电科技大机柜的模式在城市空间中的拓展非常受限，寸土寸金的城市余地少，以充电柜的方式推广自然也影响了其安装量。

而小电科技在固定场景下固定充电，虽然不太占用空间、不需要归还，不需要充电线，也不用押金，但致命的问题在于——本来半个小时能吃完的午餐，为了充电，不得不待足一个小时。过长地占用了用户的时间，用户不舒服，商家也并不乐见，尤其是餐饮讲究翻台率，用户为了充电占着台自然影响商家的业绩。

只有街电，一上场就推小机柜，不但符合用户的需求，不给用户带来额外的操作麻烦，商家也愿意推广这种更轻的业务模式。

2. 全面绑定高频入口

作为小频刚需的入口平台，街电成为跟用户需求和生活紧密相关的平台。

现在很多公共场所，尤其是小型消费场所，都在主动欢迎共享充电宝入驻，而共享充电宝也成为这些商户的基础设施，有时商户无法提供充电服务，甚至导致用户换了另外的商家进行消费。

就是这样一个被低估的市场需求，让街电成了一个与用户和商家相辅相成的标配品牌。

3. 精细化、差异化运营市场

街电以精细化运营的市场战略、差异化的打法抢占行业先机。

比如，街电在运营支付宝小程序时，借助蚂蚁的开放能力，在早期就引入蚂蚁金服芝麻信用免押模式，大大降低了用户的使用门槛，体验感自然就高了，而且共享充电宝与小程序之间形成了一套良性的生态循环。

在支付宝集五福活动中，街电也通过线上与线下实现品牌之间的相互引流。

街电还凭借“共享充电宝+”生态模式，通过会员打通、广告、个性推广、周边产品、线上线下活动等，为用户提供全方位的体验与服务。

4. 独家合作尽占优势

对于共享充电宝品牌而言，是否成为合作商家的独家签约对象，能决定其在行业内的高度。

在这条赛道的众多品牌当中，持续拓展“朋友圈”者并不少，但如果论谁最执着，街电如果称第二，恐怕没人敢称第一。

经过数年时间的市场培育，共享充电宝如今在城市商圈可谓随处可见，尤其是在各大购物中心内的店铺。在同一家商户内看到不同品牌的共享充电宝并不奇怪，但是如果谁能够“独家”入驻，谁就占尽了“地利”。

所以，街电正在做的事，就是让一条街或一个购物中心的入驻者均为自己的品牌，如果能做到这样，那么整个片区的用户需求都将被收入囊中。

本节小结

街电切入用户的生活场景，提供最有效率和体验的产品与服务，形成独家合作，并与各商家打通会员业务，共享会员数字资产，形成了紧密的命运共同体，街电的品牌势能也随之放大，打造出一个具有坚固壁垒的商业闭环。

要点提炼

1. 共享充电宝是即需即用的商业模式代表之一。

2. 作为共享充电宝行业的开拓性领军品牌，街电致力于发挥城市生活基础设施的便捷作用。

3. 街电在场景上做对了以下几点：选对用户的使用场景；全面绑定高频入口；精细化、差异化运营市场；独家合作尽占优势。

课后作业

请你根据街电的场景思维分析，找到一个共享经济的品牌，尝试对其场景进行分析和拆解。

➤ 选择品牌：________________________________

➤➤ 分析拆解：________________________________

____

____

____

____

____

学习加油站

1. 想要获得更多表格工具及学习资料，请关注微信公众号“刘芳在想”，回复关键词“流量”获得超200页的PPT学习资料包；

2. 关注微信视频号“刘芳在想”可观看更多精彩课程视频；

3. 添加个人微信号“fairy158158”交流。

TRAFFIC MONETIZATION

07

第七章　路径思维

本章要点

7.1　让用户按你设计的线路走，实现成交

7.2　支付宝："中国锦鲤"如何成为微博史诗级活动

7.3　脉脉："知识裸捐"霸屏背后的思考与动线

7.4　《Mojito》：周杰伦新歌上线，如何在一小时销量破百万

7.1 让用户按你设计的线路走，实现成交

什么是路径思维？

路径思维就是人脑中的一种“预测能力”的系统：在大脑中提前做好路径的构思，画好路径图，就能够面向目标，进而形成实现目标的计划和方法，更好地推动目标达成。

我们把路径思维放到商业当中来看的时候，就是：从起点到终点的设计，都应该是有计划性的、有引导性的，让用户听你的话，顺着你规划好的路径走到你想让他到达的那个地方。

哪些具体的场景下需要有路径思维呢？

比如在线下实体店店面的动线设计上、线上互联网产品的设计中，又或者在营销运营活动的策划上，都需要有思路缜密和逻辑清晰的路径思维来支持操盘手拥有一张非常清晰的用户行进地图。

在规划用户路径的时候有哪些要点呢？

◎ 画出可视化的用户行进的路径图，能减少一步就不要

多一步，降低用户的难度；

◎ 判断用户在这条路径上跳出的可能性；

◎ 找出转化的关键点所在；

◎ 分析用户的心智与行为；

◎ 针对不同人群使用的具体场景进行分析；

◎ 针对问题进行点对点的逐个击破。

我将为你剖析三个商业场景，来更好地加深你对路径思维的理解。

第一，你是一个开线下实体零售店的老板，在整个零售店的卖场设计当中，要注意哪些用户在卖场的动线路径设计问题呢？

进店：店招如何更加醒目以吸引用户进来？

行走：用户进店后在店内按什么线路行走才能与商品进行最大化的接触？

停留：如何让顾客在商品面前驻足？

关注：如何吸引用户拿起商品仔细了解？

购买：如何让顾客将商品放进购物车并前往收银台买单？

第二，你开发了一个借贷类的 APP，用户在上面操作的时候，你如何规划最理想的路径呢？比如：进入首页—浏览产品—产品合适—点击借款—填写认证信息（或者直接调用微信的个人资料，减轻用户填写困难）—申请授信。

第三，你在设计一个线下扫码发放电子优惠券的营销活动，要考虑：

用户触码：用户如何接触到这个营销活动的信息，在哪里扫码？

进入首页：扫码之后跳出来的首页界面信息要呈现哪些？

选择商品：具体的商品信息和优惠信息如何呈现？

领优惠券：点击一键领取优惠券。

购买商品：拿到中意的商品。

出示核销：在收银台出示商品 + 优惠券进行核销。

以上但不仅限于这些场景，在面向用户之前都应该考虑清楚用户的路径逻辑，而这一切都需要进行精心设计。

设计一个符合预期路径的实体店、线上产品、营销活动、运营活动，这个设计者一定需要拥有“上帝视角”来看待用户在整个过程当中的路径动线。

因为拥有“上帝视角”的人，可以用更高、更全面的角度，排除个人主观的感受。他不但要能够从专业人士的角度跳出来，还原到一个普通用户的身份，而且要能够用专业的角度来审视作为一个普通用户的自己对整个过程的体验，来判断整个业务路径中有哪些内在和外在的表现，并逐一拿出来破解。

有哪些好的爆款案例所具有的路径思维可以供你参考呢？下文将拆解支付宝的“中国锦鲤”、脉脉的“知识裸捐”以及周杰伦的新歌《Mojito》，来看看它们是如何在商业活动中去思考用户的动线路径，并获得高声量曝光以及实现交易的转化。

学习加油站

1. 想要获得更多表格工具及学习资料，请关注微信公众号“刘芳在想”，回复关键词“流量”获得超 200 页的 PPT 学习资料包；

2. 关注微信视频号“刘芳在想”可观看更多精彩课程视频；

3. 添加个人微信号“fairy158158”交流。

7.2 支付宝："中国锦鲤"如何成为微博史诗级活动

2018 年的国庆节注定要在微博史上留下不可磨灭的痕迹。

就在所有人抓紧享受假期最后一天的时候，以"信小呆"命名的微博话题阅读量超过了 4 亿，和她相关的话题在微博热搜榜前 10 名中占据了 3 席，"信小呆"的个人微博更是一天暴增了 50 万粉丝，此外和她有关的事件还被微信大号 GQ 实验室、新世相在推文中提到，并在深夜登上知乎热榜榜首。

所以"信小呆"到底是谁呢？

信小呆，女，字"锦鲤"，号称"中国欧皇"，她横空出世突然爆红的经过还得回到 2018 年国庆放假前。

为了迎接 7 天的长假，支付宝在 2018 年 9 月 29 日推出了一个转发"中国锦鲤"的活动：指定转发其微博，支付宝会在众多网友当中抽出一位集全球独宠于一身的"中国锦鲤"。

随着这个看似一次简简单单的抽奖活动逐步发酵，因为转发抽奖人数增多，最终抽奖时获奖的概率达到了三百万分之一。而这三百万分之一的获奖概率是什么概念呢？有网友戏称：生下双胞胎的概率是1%，一个人需要生3万次双胞胎，才能有一次成为支付宝“中国锦鲤”的机会。

而这个拥有三百万分之一好运的“中国锦鲤”能够获得的奖品有多疯狂呢？幸运儿将获得由200多家支付宝全球合作伙伴组团提供的“中国锦鲤全球免单大礼包”。支付宝的官微用视频报出这个豪华礼单时足足用了40秒，才勉强展示完所有的礼物清单：有的商家送手机，有的商家送鞋，有的商家送机票，有的商家送在飞行基地免费接受长达两个月的开飞机培训，还可以去坐星梦游轮等。

中国锦鲤“信小呆”一出现，立马霸占了微博热搜，数以万计的网友围观这位天选之子，而锦鲤信小呆也发了一条特别有趣的微博，问道：“我下半生是不是不用工作了？”信小呆成为“中国锦鲤”后一举成名，顺势将微博认证也变成了“2018支付宝中国锦鲤”。

在线上流量已经贵到让人望而生畏的情况下，这个活动在一天内击穿了整个微博生态，就连支付宝在微信上的公众账号贴出的两段话，也创造了10万+的阅读量。

标题：两个事

1. 十一出境游的朋友请留意支付宝付款页面，可能一不小心就会被免单，这是我们感谢大家把支付宝带向全球的一点小心意。

2. 没出去浪的朋友请马上离开这里去看支付宝，微博置顶的那条。

微信公众号这简短的两段话，在这个冷启动的过程当中，几乎没有做任何预热，却能够实现从微信穿透到微博，这是很多品牌在做营销活动时不敢轻易尝试的，因为路径太长、太不可控，用户也会因为增加了路径而极易流失。

支付宝的运营团队也预埋了品牌合作方的热度加持，因为在整个活动开始不到一个小时之内，各个品牌商就在规定的时间内对这条文章进行了评论和转发。集中式的参与转发，扩大了影响力，也提升了势能，让支付宝“中国锦鲤”活动在几个小时内迅速形成浩大的声势。

我们来剖析这个活动的路径思维。

如果从参与者的角度来看，这个活动的设计逻辑其实非常简单，简单到让人难以相信能够带来这么大的传播声量和参与力。

完整的用户端活动路径体验如下：

9月29日支付宝微博发布活动通知、微信公众号预热

|

用户参与转发本条微博即可视为参与活动

|

10月7日抽出一位“中国锦鲤”

你可能会说：哇，这太简单了，这么简单的活动到底是如何带来这么好的效果的呢？

我们在路径思维里面提到：在规划用户路径思维的时候，首先要画出可视化的用户行进路径图，如果能够让用户端省略一步，就一定要想办法做到。因为用户的操作每多一步，都有可能会流失掉部分用户。

支付宝“中国锦鲤”这个活动在用户端的体验简单到了极致，在规划这条路径时，充分应用了用户碎片化的时间与场景，相当于只要用户上微博，看到这个活动，顺手一转，就有“锦鲤大赏”。这样简单极致的参与方式，也大大降低了用户的门槛，增强了用户的参与度，而且用户也不容易跳出或流失。

支付宝的这个活动路径设计上还有一些关键点，让整个

活动的能量得到了很大的爆发。

1. 设计传播点

首先，这个活动的名字采用了“中国锦鲤”，而中国人对锦鲤是有着特殊情感的，锦鲤一直给人以吉祥的印象，深得人们好感。所以，“中国锦鲤”是自带传播属性的，在微博的生态上更容易形成传播。

其次，抽到“中国锦鲤”的概率只有三百万分之一，想要得到这份大奖的难度之高，获得者之幸运，也成为一个热话题点。

而在公布获奖者这个环节上也很有心思，支付宝连续发了两条微博，第一条是按照微博抽奖的一般流程公布获奖者，紧接着发布了另外一个视频，将奖品清单做成了一个长达数米的长条幅，每端由一个人拽着，拍摄者从头拍摄到尾，加上紧张的 BGM，满满都是惊喜感。这个视频本身就能够将活动的传播点放大到极致，而好奇的“吃瓜群众”也会猜想这份清单折合现金的价值，形成新一波的传播潮。

2. 设置悬念

支付宝在这个活动当中也卖了一个关子，对“中国锦鲤”得到的礼物没有直接列清单，而是让大家先看评论区，整个活动不到一个小时几百个品牌方就在规定的时间之内转发和评论，评论区清一色的品牌发声和“吃瓜群众”的留言，也让整个活动在非常短的时间之内形成了浩大的声势。

3. 奖品超预期

活动发布一小时之后，奖品清单的海报就出现在了留言区。而这一份令人眼花缭乱的礼品清单海报，已经超出了用户的心理预期，带来“啊哈时刻”，而转发的用户也会更多，让整个传播不断进入一种正向循环当中。

4. 引发话题潮

获奖者信小呆不得不说也是一个很有“网感”的网友，得奖之后只在微博上回了一句话：“我下半生是不是不用工作了？”这句话极其简短，又具有传播性，同时也成为众多网友的一个传播“梗”。

整个奖励公布之后，支付宝也鼓励大家去信小呆的微博下回复“吸欧气”“膜拜锦鲤”，又带火了热词。

一次传播结束之后，二次传播紧接着跟上。比如，有明星及千万级粉丝大 V 转发了信小呆的微博，微博还专门开放了“讲讲你的锦鲤附体经历”话题，让大家参与。

除此之外，与活动本身无关的各种品牌商也来凑热闹，一场声势浩大的“中国锦鲤”活动，在各种各样的商家当中开始发酵，2018 年成为中国锦鲤们的欢乐年。

5. 跨平台引流

支付宝的微信引流也很给力。支付宝的微信账号因为长期的良好维护，在有关“中国锦鲤”的这篇文章推出之后，阅读量迅速超过了 10 万，也为主战场微博提供了大量的有效流量，但是跨平台的引流一般风险很高，所以主战场的活动设计更要简单极致，才不会徒增用户的参与门槛。

设计营销活动时，最佳的做法是“前端用户极简，后端运营做细”。对于普通用户来说，不可能花费太多的时间来研究活动的玩法，大部分都是从众、随大流，由品牌带着整个营销的节奏走的。

本节小结

支付宝“中国锦鲤”活动引爆了社交网络，但其实是旧的元素、新的组合，从整体来看该活动的创新点并不多。但是因为支付宝本身太有实力，品牌商们赞助的礼物清单太劲爆，而且整个活动对于用户的操作路径全然了然于胸，在用户端将参与门槛降到了极低点，同时整个活动的爆点频出，所以在操作上始终保持着环环相扣且没有一点冷场。

不得不感叹，支付宝的营销运营团队能力还是非常强的。

要点提炼

1. 从参与者的角度来看，这个活动的设计逻辑其实非常简单，完整的用户端活动路径体验如下：9 月 29 日支付宝微博发布活动通知、微信公众号预热—用户参与转发本条微博参与活动—10 月 7 日抽出一位“中国锦鲤”。

2. 在规划用户路径思维的时候，首先要画出可视化的用户行进路径图，如果能够让用户端省略一步，就一定要想办法做到。因为用户的操作每多一步，都有可能会流失部分用户。

3. 支付宝的这个活动路径设计上还有一些关键点，让整个活动的能量得到了很大的爆发：设计传播点、设置悬念、奖品超预期、引发话题潮、跨平台引流。

课后作业

请你根据支付宝“中国锦鲤”活动的路径思维分析，找到一个线上营销活动，尝试对其活动路径进行分析和拆解。

➤ 选择品牌：________________________

➤➤ 分析拆解：________________________

____

____

____

____

____

学习加油站

1. 想要获得更多表格工具及学习资料，请关注微信公众号“刘芳在想”，回复关键词“流量”获得超 200 页的 PPT 学习资料包；

2. 关注微信视频号“刘芳在想”可观看更多精彩课程视频；

3. 添加个人微信号“fairy158158”交流。

7.3 脉脉："知识裸捐"霸屏背后的思考与动线

中国职场社交领域里诞生过天际网、若邻网，也雨后春笋般冒出了优士、大街等互联网公司，但都相继折戟，或者勉强支撑，唯有林凡创立的脉脉在这一赛道上一枝独秀。因为，脉脉让职场人在微信之外找到了一个新的栖息之所。

脉脉是 2013 年推出的一款职场社交 APP，截至 2020 年 6 月，脉脉实名注册用户已超过 1.1 亿。

在中国的社交类 APP 的发展中，大多数都面临着来自微信的压力。但越来越多的用户意识到，职场社交平台与即时通信工具有着根本的差异化。实名制职场社交的背后带来的是更有价值感的同行交流、行业资讯分享、职业成长、人脉拓展，同时在这类平台上，个人职业品牌的树立和企业品牌的打造，都令企业端和用户端双方能够实现更加高效的链接。在新冠肺炎疫情影响之下，职场上存在的各种不确定性频频爆发，更让职场人珍视来自职场的社交链接，扩大自己的朋友圈，为应对未来可能存在的不确定性做好铺垫，这在某种程度上也解释了以脉脉为代表的职场社交平台开始强势突围的深层原因。

其实，在脉脉推出后的最初10个月里，脉脉创始人林凡从未进行渠道推广，完全是通过口碑与人际传播积累用户。但是在2016年，脉脉用一套漂亮的霸屏营销战术宣传“知识裸捐”行动引发全网轰动。而这次“知识裸捐”霸屏营销引发的效果，真像那句老话说的“不鸣则已，一鸣惊人”。

我们来回顾一下这次霸屏营销的前后经过。

在2016年10月24日的《新京报》上，一个大大的“裸”字出现，下面配上悬疑小文案，引发不少人去百度。从报纸到分众，一个“裸”字的悬念引发了用户们的好奇。各大新闻客户端也同步推出悬疑广告，朋友圈更是出现各种猜测，晒图分享成刷屏之势。“你生是裸着来，你SI是裸着走，你到底给这个世界留下了什么？”这哲学的终极问题触及每个人的灵魂。

随后，《京华时报》、分众以及线上平台发布了“知识裸捐”主题广告，商界名人、娱乐明星参与背书，揭秘时间到，原来这是脉脉推出的一个正能量的公益活动。针对一些创业者、职场人士的痛点，即平时很难听到大咖的分享，脉脉想通过“知识裸捐”活动，帮助那些渴望知识的人邀约到大咖，并将大咖积累的经验传给更多的人。

纵观这个公益活动，获得了来自大咖、媒体、用户各方面的一致好评，我们来全面了解一下脉脉“知识裸捐”营销活动的用户参与路径：

活动在传统媒体上进行预热，制造悬念
|
话题放大，线上媒体承接
|
站内话题打造，刺激用户参与
|
大咖直播将活动推向高潮

我们来逐一分析整个活动路径的亮点。

1. 脉脉进行了预热跟悬念制造，即在各个媒体投放出以“裸”为重点的广告，诱发人们对这个广告的好奇心

在这个过程当中，脉脉的核心动作是用一张海报分别在分众和《新京报》两个平媒渠道进行投放，而两个渠道所用的内容都是一样的。从海报设计和文案来看，一个大大的“裸”字牢牢抓住了用户的眼球，而下面配了一段文字：“你生是裸着来，你SI是裸着走，你到底给这个世界留下了什么？”这个没有答案的纸媒营销引发了一场没有结论的思考，也引发了众多网友的转发。而平媒的最底部则留了一个百度的搜索框及“搜脉脉，查看更多关于‘裸’的真相”。

在这个环节路径当中，激发潜在目标用户的好奇心是非常重要的，好奇心被激发，用户才会产生下一步的搜索、解惑、社交分享。而也正是因为有了这份好奇心，传播力才会进一步被放大。如果在纸媒上投放一个很平常的广告海报，每个人的记忆点是不同的，不够醒目，用户也不会深究，更不会产生搜索行为，甚至不会去分享，而脉脉的海报，在整整一个版面上近 80% 的区域就只有一个字，最后就是提示如何解密来调动用户参与，让用户入局，这其实给了用户一个非常好的动因。

2. 将话题放大，为了承接这个悬念，请多方媒体和知名人士进行深度解读，并且形成传播

在这个环节当中，《新京报》、分众、今日头条等 APP 发布悬疑广告，《京华时报》、分众、WPS 等平台开屏广告解密悬疑，从“裸”到“知识裸捐”的反转和落地，线上 + 线下、传统 + 新媒体一起联动，二十几位知名人士及明星纷纷参与到这个活动当中。

从制造悬疑到邀请大佬参与，并启动各方媒体进行解密，整个活动过程环环相扣，一步步引导用户了解“知识裸捐”这个活动的含义。在这个环节的传播中，当很多自媒体及大号同时在为这个活动进行发声时，必然会触达更多的潜在用户，而潜在用户对这个活动的结果也会有很高的期待。

3. 线上承接，站内话题打造，引导用户参与

当制造悬疑和解密的工作完成之后，接下来就是引导用户下载 APP 或访问网站，参与站内话题的讨论。

◎ 老用户的参与逻辑：了解事情之后打开 APP—在 APP 当中寻找活动入口—试图参与活动。

◎ 新用户的参与逻辑：觉得很有意思—想参与就会根据引导去下载脉脉 APP—再重复老用户的流程路径。

4. 大咖直播推动整个活动达到高潮

脉脉为了这个活动邀请的直播大咖们能量都是很高的，各行业大佬为脉脉站台，针对创业者、职场人的痛点，向那些渴望知识的人传递他们的成功与成长心路。而这个直播也带来更多传播，引发更多的海量用户下载、参与、关注。

虽然“知识裸捐”活动的影响很大，亮点很足，但是也存在一定的不足之处：脉脉在站内没有提供一个非常醒目的与此话题有关的入口。在站外花了这么多的渠道成本，把用户吸引进去之后，在 APP 站内的流程路径却不够醒目，比较难承接这个活动的影响力、口碑和流量。

本节小结

脉脉其实很大胆，因为这个活动的路径战线拉得比较长，是一次典型的跨屏营销。而跨屏营销不仅是叠加不同的场景、媒体渠道跟屏幕，最重要的是得控制好传播节奏，以及上下承接的流畅度，并非简单叠加每个步骤，还要根据前期的反馈来调整节奏。

脉脉的“知识裸捐”活动确实很有亮点，也有不足之处。但作为一个公益活动的定位，瑕不掩瑜，至少在促进知识的流动上脉脉还是承担起了作为一个企业应有的社会责任，如果再做这类的活动，用户路径需要更加细化，尤其是要把站内的承接能力打造好，这样带来的用户体验也会更好。

要点提炼

1. 针对一些创业者、职场人士的痛点，即平时很难听到大咖的分享，脉脉想通过“知识裸捐”活动，帮助那些渴望知识的人邀约到大咖，并将大咖积累的经验传给更多的人。

2. 活动的路径：活动在传统媒体上进行预热，制造悬念—话题放大，线上媒体承接—站内话题打造，刺激用户参与—大佬直播将活动推向高潮。

3. 活动路径的设计亮点：

（1）脉脉进行了预热跟悬念的制造，也就是在各个媒体投放出以“裸”为重点的广告，诱发人们对这个广告的好奇心；

（2）将话题放大，为了承接这个悬念，请多方媒体和知名人士进行深度解读，并且形成传播；

（3）线上承接，站内话题打造，刺激用户参与；

（4）大咖直播推动整个活动达到高潮。

课后作业

请你根据脉脉的“知识裸捐”的路径思维分析，找到一个线上营销活动，尝试对其活动路径进行分析和拆解。

➊ 选择品牌：______________________________

» 分析拆解：______________________________

____

____

____

____

____

学习加油站

1. 想要获得更多表格工具及学习资料，请关注微信公众号“刘芳在想”，回复关键词“流量”获得超 200 页的 PPT 学习资料包；

2. 关注微信视频号“刘芳在想”可观看更多精彩课程视频；

3. 添加个人微信号“fairy158158”交流。

7.4 《Mojito》：周杰伦新歌上线，如何在一小时销量破百万

世界上最漫长的等待，莫过于等周杰伦发新歌。

所以网友戏称：等周杰伦发新歌就像过年，所以称之为“过周年”，买他的歌叫“买年货”，买了歌发了朋友圈叫“周年庆”。

不管大家如何看待这种等待偶像发新歌的心情，在粉丝团的千呼万唤中，周杰伦于6月12日发布了2020年首支单曲——《Mojito》，虽然上线时间是在凌晨，可是发布平台之一QQ音乐还是崩了。

而《Mojito》的发布距离周杰伦的上一首歌《说好不哭》上线已经过去9个月时间。在2019年9月，他的单曲《说好不哭》上线时，QQ音乐服务器也出现崩溃的情况。

网络段子手纷纷感慨：是什么让一群中年人熬夜到凌晨午夜刷屏？只可能是周杰伦发新歌啊！

新歌发布后的第二天，QQ音乐官微公布了《Mojito》的销量战绩：一夜之间超过300万人预约，截至上午10点10分，《Mojito》销量已超200万张，仅半天时间，销售额便突

破 800 万元。大量的用户涌入及预约，这也是直接导致 QQ 音乐崩溃的原因。而《Mojito》这首歌带来的豪华战绩也帮周杰伦 /《Mojito》入选了“QQ 音乐巅峰榜 2020 年终榜单”的十大年度艺人、十大年度单曲、台湾地区榜年度单曲、十大年度 MV。《Mojito》单曲上线后席卷各大单乐榜单，并已突破殿堂金钻唱片等级认证，同时也是 QQ 音乐 2020 年港台数字单曲销量 Top 1 的沁脾情歌。

这首歌的光耀战绩用十根手指都数不过来，拿到了这么好的成绩，这首歌的营销推广路径能给我们带来什么样的启发呢？

从总体来看，这首新歌的营销推广路径跨越了多个平台，十分考验运营人的精准判断能力：

在 ins 平台发布悬念预告，圈定目标传播用户

|

在快手独家入驻吸引粉丝，为国内销售预热打前站

|

各音乐平台线上预约，并可分享朋友圈刷屏

|

6 月 12 日零点在各音乐平台同步上线销售

我们来剖析每一步路径环节的底层逻辑与思考。

1. 充分调动铁杆粉丝的传播能力

在《Mojito》发布前，周杰伦曾经在社交平台 ins 上做过一波悬念预热。为什么他当时要在 ins 上进行预热，而没有选择国内的其他新媒体呢？在 ins 上关注周杰伦的自然都是他的铁杆粉。而在 ins 上做预热，就锁定了他新歌传播的第一个圈层就是这些铁杆粉。

被誉为“互联网教父”的凯文·凯利提出了这样一个观点——要想成功，你不需要百万粉丝，你只需要 1000 个铁杆粉丝就够了。只要你能获得他们持续的认可和消费，你就能够很好地生存。

试想，还有什么比挖掘出铁杆粉丝的力量更强大的呢？何况周杰伦还不止 1000 个铁杆粉丝。所以针对本身有着很强粉丝基础的 IP 与品牌，挖掘出其中的铁杆粉力量，锁定铁杆粉丝的圈层之后则要尽一切可能在这个圈层进行引爆。

所以说，在传播上，在对的时间节点，找到对的人，做对的事情，才能够起到事半功倍的效果。

2. 入驻快手拿下独家合作资源，聚焦推广

与很多营销活动在各平台齐放声的操作不同，2020 年 5 月 29 日，ID 为“周同学”的账号出现在快手，未官宣，未发一言，仅凭借“周杰伦首个中文社交媒体，全网唯一，只在快手”的

账号简介，就让这个没有任何内容的账号瞬间粉丝百万。

2020 年 6 月 1 日，周杰伦正式在快手开播，短短 5 天时间，粉丝轻松超过千万，放出的4个视频平均单个视频播放量约达亿次。

而周杰伦以独家入驻的模式获得快手的资源加持，让整个宣传更为聚焦，为他的新歌打榜省下了一大笔推广费用。

而类似于快手这样的平台当然也欢迎像周杰伦这种优势 IP 资源入驻，因为这也为平台带来了大量的他方流量粉丝，将原本可能并非快手平台的粉丝也导入平台中。所以这种方式的独家合作，是一次双方都很受益的合作模式。

3. 平台预约掌握新歌市场动态，朋友圈传播提高声量

《Mojito》在正式发售前，上线了腾讯 QQ 音乐、酷狗音乐、酷我音乐及咪咕音乐开启预约通道。通过预约的方式，也可以对用户的期待值和意向有一个较为全面的把握，来实时反推及优化营销策略。

而预约后的朋友圈传播海报，也带来了病毒式的刷屏，让歌曲的群众认知度和期待度提到了一个很高的值。

在新媒体营销当中，为用户设计好“发圈”的素材与指导非常重要，毕竟具有传播性的事件，如果在减轻用户传播困难上没有考虑周全，那么活动的影响力和实际效果就有可能大大降低。

4. 深度把握环境与用户需求推出新歌

2020 年 6 月 12 日零点，周杰伦在各音乐平台正式上线新歌《Mojito》。周杰伦的运营团队对于用户的心态与环境的把握是非常精准的，而这种精准也支撑了运营团队在时机以及路径上的考虑。

一方面是在用户情绪上的把握。此时的大环境需要轻松活泼的氛围来提振情绪；且国内很长时间以来乐坛新歌缺乏，而在乐坛鬼才排行榜上有名的周杰伦一直都是人们期待与关注的目标。甚至有不少歌迷称周杰伦是唯一能让他们熬夜买专辑的男人，由此可见，粉丝们对于周杰伦的新歌期待已久，需求迫切。

另一方面则是《Mojito》具有很浓厚的怀旧情怀，而怀旧是人类最基本的情感，一旦走上怀旧的线路，就意味着特别容易与用户之间产生走心与共鸣的情绪。对于想获得用户关注的事件来说，如果能够勾起用户的"回忆杀"，那么这样的营销就已经成功了一半。

从总体上说，周杰伦本身这个大 IP 对于用户的吸引力暂且不谈，其背后的运营团队对于影响圈层核心粉丝 + 预热 + 转化的用户路径的实现确实相当专业，研判也非常精准，助力了这首新歌大获成功。

本节小结

一次营销活动的成功，综合了天时、地利、人和，周杰伦这样的好 IP+ 符合时代背景的内容 + 预热调动起用户的关注和传播 + 独家平台的优势资源加持放大整个势能 + 多平台同时分发打榜引爆，这是一个可以直接“抄作业”的新歌打榜营销案例。

要点提炼

1.《Mojito》这首新歌的营销推广路径跨越了多个平台，十分考验运营人的精准判断：在ins平台发布悬念预告，圈定目标传播用户—在快手独家入驻吸引粉丝，为国内销售预热打前站—各音乐平台线上预约，并可分享朋友圈刷屏—6月12日零点在各音乐平台同步上线销售。

2. 每一步路径环节的底层逻辑与思考：充分调动铁杆粉丝的传播能力；入驻快手拿下独家合作资源，聚焦推广；平台预约掌握新歌市场动态，朋友圈传播提高声量；深度把握环境与用户需求推出新歌。

课后作业

请你根据周杰伦单曲《Mojito》的营销路径思维分析，找到一个新歌打榜的活动，尝试对其营销路径进行分析和拆解。

➤ 选择品牌：________________________________

➤➤ 分析拆解：________________________________

____

____

____

____

____

学习加油站

1. 想要获得更多表格工具及学习资料，请关注微信公众号“刘芳在想”，回复关键词“流量”获得超200页的PPT学习资料包；

2. 关注微信视频号“刘芳在想”可观看更多精彩课程视频；

3. 添加个人微信号“fairy158158”交流。

TRAFFIC MONETIZATION

08

第八章　会员思维

本章要点

8.1　利用会员制帮助用户成长，带来高价值

8.2　全家会员制

8.3　支付宝会员制

8.4　考拉海购会员制

8.1 利用会员制帮助用户成长，带来高价值

在每一个企业，针对用户端都有一定的运营预算，但是不同状态的用户对于企业的贡献度不同。针对所有的用户都采用同样的方式进行运营，这才是对用户预算极大的浪费。因为你极有可能在贡献度低的用户身上花了更多的钱，但是无法获得更高的、更持续的收益。也有可能在高贡献度的用户身上投入过低，而让用户对这些投入嗤之以鼻，转身离开，“用脚投票”。

2020 年疫情下很多的实体企业经营遭受重创，但是有一些企业在这样严峻的条件下仍然能够突围而出。我们不禁要问：为什么会是它们？

除了有一些企业顺应时势将自己的业务由线下拓展至线上，在一定程度上弥补了疫情对于销售的影响外，还有一点非常重要，就是用户对这些品牌的黏度非常高。

而如何才能做到用户对于品牌的高黏度呢？

我给出的答案就是——会员思维。

对于会员这个概念，相信你一定不陌生，通用的解释就

是通过正式的手续加入某个商业或者专业组织的人。

本章要重点研究的是消费型的会员，也就是说以商品经济的视角去解读：将一群志趣相同、取向一致的消费者，进行归类和梳理，并冠以俱乐部、精英组等小众群体的称谓，投其所好去研发产品和完善服务。这也是市场经济充分竞争的产物：应用户个性化需求的变化，然后衍生出来的一种用户身份形式及用户运营模式。

而支撑运营用户的体系，则是基于会员思维形成的会员制体系。

会员制对商业的帮助有哪些呢？

首先，会员制帮助商家与用户之间建立良好的关系。

比如，我和你同样是某美容院的用户，但是因为我办理了会员，你未办理，在同时预约美容师的时候，我有优先权，那么我对这个美容院的好感度与亲密度会比你更高。

其次，会员制的体系设计就是朝着拉动会员高频消费、持续消费、升额消费来进行的。

比如，采用频发优惠券的方式拉动会员高频到店消费及持续消费，并以阶梯式的优惠活动，如满 300 减 50、满 500 减 100 的方式提升单客单次的消费额度，即升额消费。

最后，会员因为在品牌这里获得了良好的体验，也会带来新的客户，甚至成为分销者，自己消费的同时通过分销获

得收益。

比如，学习了秋叶 PPT 课程的学员，可以申请获得分销的资格，同时可赚取分销时带来的佣金，一举多得。

在设计会员制的时候应该关注最为核心的指标——北极星指标。

北极星指标，也叫唯一关键指标，是指在当前阶段与业务战略相关的绝对核心指标。一旦确立，就像北极星一样闪耀在空中指引团队向同一个方向迈进，来共同提升这一指标。而会员制设计的核心判断依据就应该是基于北极星指标。

比如，我在设计 B2B（企业对企业的商业模式）零售采购平台的会员体系时，北极星指标的设定就是交易客户数（多来人）、月度采购频次（多来采购）、单次采购客单价（多花钱）这三个指标，会员制的设计也要完全围绕这三个指标来开展。如果体系的设计与提升这三个指标没有关系，就不要花费精力做无用功。

会员制体系中的重要组成部分——会员权益：会员享有的“权利”，简单点说就是，成为你家会员能干什么、有什么好处。会员权益的设计必须能够支持北极星指标实现。

比如，同样都是视频平台，优酷、腾讯、爱奇艺这三大视频巨头，现在许多人都是它们的会员，它们让我们享受到非会员没有的权益，如会员可以跳过广告，追更精彩的幕后花絮，看更多影视作品，甚至可以抢先看更多剧集等。

所以说，会员权益是对会员的认可和奖励，同时也是对会员最为重要的激励手段。

那么会员的权益构成有哪些呢？一般会有以下类型的会员权益设置。

◎ 功能类权益：如成为视频网站会员就可以获得更快的观看速度；

◎ 优惠类权益：如入会的免费特权、无门槛的折扣、会员价、会员特惠等；

◎ 储值类权益：储值之后返额、返积分、送券、抽奖；

◎ 内容类权益：如成为某咨询平台的会员，可以观看更多的数据报告；

◎ 服务类权益：如拥有招商银行金葵花卡可以获得机场贵宾厅休息服务；

◎ 身份类权益：会员身份的标识不同，如铜牌会员、银牌会员、金牌会员、钻石会员，不同的标识对应的权益又有不同；

◎ 个性化权益：如专属服务计划、专属定制款等；

◎ 积分类权益：积分换礼品、兑换消费券、兑换卡内储值金额、抵现金、抽奖等；

◎ 会员日权益：定期“造节”，或者结合节假日开创多元的主题活动。

下文将为你拆解线下零售代表全家便利店、线上民生服务代表支付宝、电商平台代表考拉海购这 3 个企业分别基于会员思维设计的会员制以及权益构成，帮助你进一步了解这些优秀企业的做法，并结合自己所在企业的会员制进行参考与借鉴。

学习加油站

1. 想要获得更多表格工具及学习资料，请关注微信公众号“刘芳在想”，回复关键词“流量”获得超 200 页的 PPT 学习资料包；

2. 关注微信视频号“刘芳在想”可观看更多精彩课程视频；

3. 添加个人微信号“fairy158158”交流。

8.2 全家会员制

前文说过，便利店就是一个“弯腰捡钢镚”的生意，客流量高，但客单价低，每一个用户都很重要。

如果便利店品牌与品牌之间的商品、服务差异不大的话，对于用户来说，选择哪家便利店来快速满足其当下的消费需求，其实并没有太大的区别。

但是，如果你是全家的会员，又会如何选择呢？

便利店的会员制要解决什么问题？

吸引用户来，而且要多来，来了之后消费更多的金额。

全家构建起会员体系的初衷，是更好地寻找“上帝用户”，更好地发现他们，了解他们的需求，并最大化地满足。

在全家会员制体系推出的最初半年期间，发卡数 249 万，实际有效注册会员 208 万。这也逐步让全家了解到用户是谁，他们的电话、性别等基础信息，以及用户在全家以及其他合作商户的行为轨迹，逐渐形成了消费的标签和用户的画像。

在判断用户价值的过程中，一般会采用 RFM 模型，即根据大数据分析用户多久没来（R：Recency）、来几次（F：Frequency）和花多少钱（M：Monetary）这三个关键的衡量指标，通过这三个关键指标来发现和服务好这些“上帝用户”。

全家的“上帝用户”就在全家“Fa 米家”会员 APP 中。

全家 Fa 米家会员 APP 由 5 个主要板块组成：“首页”“领券中心”“会员码”“云超”“我的”。

“首页”将用户常用的内容前置，包括：我的 Fa 米粒、Fa 米外卖、我的账单、优惠券包、Fa 米粒兑换、签到、扫码购、门店查询、新品上市、邀请新朋友、品牌专区、今日特惠。

“领券中心”主要为线下实体门店发放引流优惠券，包括以下品类优惠券：当季特选、零食速食、乳品饮料、个护保健、冷冻冰品、美妆家杂、啤酒烈酒、三餐精选。

“会员码”主要方便用户出示会员码和调取线上支付方式，包括：会员码、积分钱包、支付方式。

“云超”为全家的线上甄选超市，销售内容与线下门店完全不冲突，包括：线上专售商品、线上专售商品优惠券。

“我的”板块方便用户查询积分、权益、资料以及常用的服务，包括：积分 / 优惠券 /Fa 米粒、账单、常用服务、普通及尊享权益。（见图 8–1）

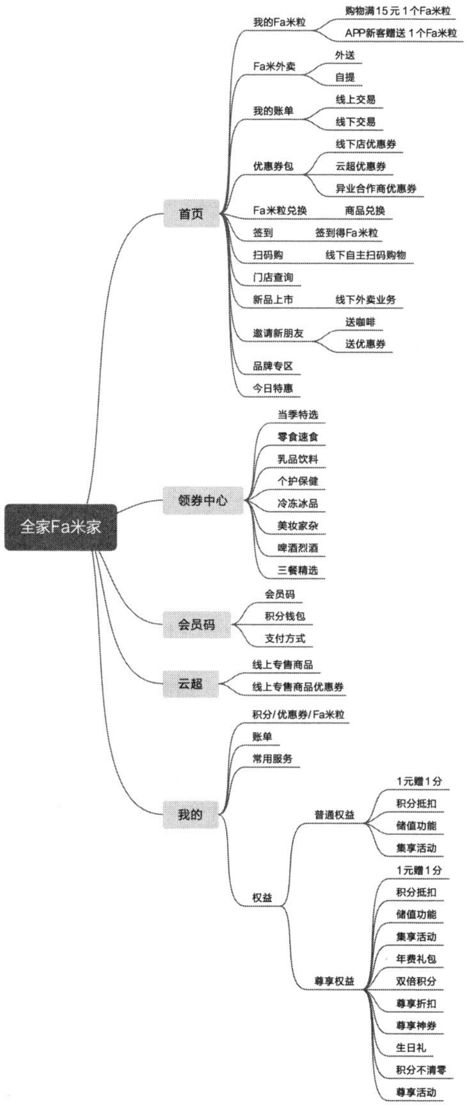

图 8-1 全家 Fa 米家板块

从其会员 APP 的设计上，我们能看到的是全家业务层面向用户传递的内容与信息，如果只从这个层面来判断，较难理解其会员制的底层逻辑与核心指标之间的关系。所以基于前文提到的会员制设计逻辑，我们对全家的会员制思路与体系做了进一步拆解、归类和分析。

对全家的会员制可以从两个方面来进行拆解和分析：

◎ 全家的北极星指标；

◎ 全家的会员权益设计。

对于一个便利店来说，购物频次及购物金额是非常重要的指标，但是这两个属于结果性指标，还有一些关键的过程指标，如登录 APP 的频次等也要判断是否需纳入重要的考量指标范畴内。

在全家会员制的北极星指标上，可以看出品牌方格外关注会员线下购物金额、线上购物金额、到实体店频次、登录线上 APP 频次。

另外，全家的会员分两种，一种是普通的消费会员，另一种是尊享会员。而尊享会员是要收费的，会员费也是重要的收益之一。

所以从总体来看可以判断，全家关注的会员指标有以下几项：

◎ 线下购物金额；

◎ 线上购物金额；

◎ 到实体店频次；

◎ 登录线上 APP 频次；

◎ 尊享卡付费人数。

当以上几个北极星指标确定好之后，所有的权益设计都紧紧围绕着它们所指引的方向，进行权益构建。

从图 8-2 中我们可以进一步看到全家的会员权益分为以下几个部分。

◎ 功能类权益：包括登录线上 APP、到店消费达到一定的额度均可获赠 Fa 米粒，而 Fa 米粒可用于兑换商品；

◎ 优惠类权益：包括线下购物优惠券可到店使用、线上购物优惠券可在云超使用；

◎ 服务类权益：包括提供生日礼和积分不清零服务；

◎ 身份类权益：分为普通会员和付费的尊享会员；

◎ 个性化权益：包括年费礼包、尊享双倍积分、尊享折扣、尊享活动、尊享神券；

◎ 积分类权益：包括 1 元赠 1 分、积分抵扣。

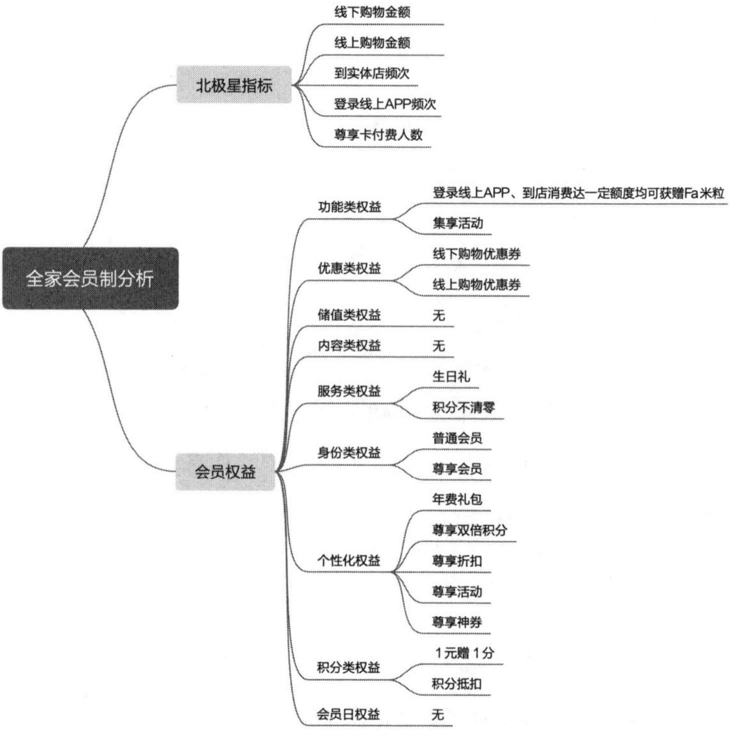

图 8–2　全家会员制分析

综合来看，全家会员制的设计亮点是积分、“造节”、O and O，这三点，构成了全家找到“上帝用户”的核心。

1. 积分：积分当钱花，是对用户产生销售贡献后非常有刺激力的一种权益

全家采用“积分”方式，让用户知道自己一直还有钱在

便利店，而为了使自己的效益最大化，当消费需求产生时，用户也会首选全家消费。而这也是提高用户来店频次的有效手段。

据全家相关数据统计，全家会员制度上线半年后，全家积分总数达 9.1 亿分，平均单店送出日积分约为 3710 分，兑换分数 2.1 亿分。在全家推行会员积分制的第一年，其会员黏性明显提升。会员消费占比从 0% 提升至 23.5%。会员每月到店频次是 5.25 次，客单价达 13.5 元，高于非会员客单价 2.1 元。

可千万别小看了这会员比非会员高出的 2.1 元客单价，因为便利店的消费特性，是以消费便利性、目标性强的商品为主，常规的客单价其实并不高，一般在 10 元左右，普通的非品牌便利店可能会低于 10 元的客单价，所以对于一个常规便利店来说，客单价的拉升并不是一件十分容易的事。

2.“造节”：通过“造节”的方式不断刺激用户回店复购

便利店的消费高峰是有周期性的，如每个月的第二周就是传统的出薪周期，这个时间，也是“顾客口袋里有钱，便利店业务最好成长”的时候。

2015 年 1 月起，全家在这个时间段的周五打造“疯狂全家日”，主打“好玩”。这个主题有着明确的目标对象，即针对“90后”用户群体追求“好玩”的消费心理，定制与IP、电影相关的主题活动，刺激用户购买只有在全家才能买到的周边“好玩产品”，这也是基于粉丝经济的一种商业营销手法。

2016年，全家又推出“疯狂星期三”，便利店的消费高峰有一定的时间点，而推出这个活动是以期在周末消费高峰之外，通过主题性的节日增加用户到店频次。同时，“疯狂星期三”设定满20—25元赠送积分的机制，不但强化了积分的印象与作用，也有效地提升了用户的客单价。

在零售经营的过程中，如果一个用户买了22元的商品，当店员对顾客说“满25元送1000积分，即送10元”的时候，超过90%的客户都会回去找商品凑齐25元再结账。当然，这个场景在很大程度上也取决于店内的店员口播或物料推广得力。

而全家也将这种满××元送××积分，再送××元的活动方式，灵活地运用在会员的节日活动中，给用户造成“太划算、力度真大”的感觉，也强化了积分价值的印象。

而把便利店的活动做成定期的主题性活动，既能给用户一个“花钱”的理由，也能通过持续的活动让用户形成固定的印象，把消费的习惯也进行固定。

3. O and O：对于实体店来说，最佳的消费场景就是实现线上 + 线下无缝切换

在 2016 年推出尊享会员的同时，全家也上线了会员运营第三式——Online and Offline（线上 + 线下），通过“甄会选”线上商城，专为会员提供更低价、更多样的线上商品。

全家为什么要设置 100 元的会员年费呢？背后的目的就是将商品毛利率控制在 10% 以内。随着中国电商事业的发展，线上商品比价太严重，采用这种方式更利于在比价的线上环境中，让“甄会选”的商品更有竞争力。

同时，全家也鼓励用户线下提货，因为线上下单 + 线下取货的方式能够让用户增加与全家线下实体店接触的概率。而且相关的数据也证明，在全家线下提货的用户中又有 50% 的人会在便利店进行购物。

本节小结

全家会员体系虽然已经取得了一定的成效，但是这个体系已近完美了吗？并不见得。

首先，全家的会员 APP 进行过多次的改版，到目前为止仍然在持续完善中。

其次，“Fa 米粒”是一种营销工具，但是对于用户来说，很难理解全家自创的全新名词。

再次，尊享会员要付费，在某种程度上是一个较高的门槛，当然全家也有自己的考量，通过付费来筛选优质的用户，也不失为一种明智之举，因为就算用户不想办理付费会员，还有普通会员制度可以弥补这个缺失。毕竟，哪个品牌都想要最优质的用户群体。

最后，对于便利店来说，开展线上购物模式还是一个有待观察的业务，因为中国的电商发展已经非常成熟，用户习惯已经养成，要改还是有较大的难度。

会员体系在以往常被认为是鸡肋式的营销方式，但是在线下实体零售店流量被线上电商挤占的今天，搭建好会员体系已经成了众多零售型企业刻不容缓的大事。

要点提炼

1. 全家构建起会员体系的初衷，是更好地寻找“上帝用户”，更好地发现他们，了解他们的需求，并最大化地满足。

2. 全家关注的会员指标有以下几项：线下购物金额；线上购物金额；到实体店频次；登录线上 APP 频次；尊享卡付费人数。

3. 全家的会员权益分为以下几个部分。（1）功能类权益：包括登录线上 APP、到店消费达到一定额度均可获赠 Fa 米粒，而 Fa 米粒可用于兑换商品；（2）优惠类权益：包括线下购物优惠券可到店使用、线上购物优惠券可在云超使用；（3）服务类权益：包括提供生日礼和积分不清零服务；（4）身份类权益：分为普通会员和付费的尊享会员；（5）个性化权益：包括年费礼包、尊享双倍积分、尊享折扣、尊享活动、尊享神券；（6）积分类权益：包括 1 元赠 1 分、积分抵扣。

4. 综合来看，全家会员制的设计亮点是积分、“造节”、O and O，这三点，构成了全家找到“上帝用户”的核心。

课后作业

请你根据全家的会员思维分析，找到一个线下实体零售品牌，尝试对其会员体系进行分析和拆解。

选择品牌：____________________________

分析拆解：____________________________

学习加油站

1. 想要获得更多表格工具及学习资料，请关注微信公众号“刘芳在想”，回复关键词“流量”获得超200页的PPT学习资料包；

2. 关注微信视频号“刘芳在想”可观看更多精彩课程视频；

3. 添加个人微信号“fairy158158”交流。

8.3 支付宝会员制

具有移动支付能力的平台有很多，支付宝、微信及银行系等支付巨头的竞争也十分激烈。用户在移动支付的场景下，首选的平台是谁，就决定了谁将拥有更多的流量、资金沉淀，以及基于用户资产与资金延伸出更多元化的业务及收益。

作为一个集支付、生活服务、政务服务、理财、保险、公益等多个场景与行业生活的综合性服务平台，截至 2020 年 6 月 30 日的数据显示，支付宝的月度活跃用户由 2017 年 12 月的 4.99 亿，增加至 2020 年 6 月的 7.11 亿，年度活跃用户超 10 亿，月度活跃商家 8000 万。

为什么支付宝一个支付工具，却要打造成集合众多生活服务场景的综合性服务平台？

虽然支付宝的用户体量很大，但是仍然面临着来自微信等其他第三方支付平台竞争用户流量的挑战。

支付作为整个交易的最终闭环，其实是一个很被动的动作，用户只有在确定购买商品或服务的时候才会用到支付宝，不会因为支付宝做得多快捷、方便、安全就去用。

但是随着支付的平台上聚合了这么多的银行、商家、用户，再加上支付宝完善的账户系统风控机制，支付宝由量变到质变，自然而然成了一个以支付需求为汇聚点的平台。一个平台的基础是海量的用户和用户关系，在用户关系之间有信息流转或商业往来。基于这个大平台战略，支付宝做很多的水电煤缴费、积分宝之类的服务性产品就可以理解了。

而支付宝要做会员权益，最主要的目的就是增强用户的黏性，留住用户，让用户在需要支付的场景下优选支付宝，这就是会员制带来的价值。

支付宝的会员板块，包括“个人中心”“我的特权”“我的家”“每日赚积分”“积分乐园”“我的积分”“积分兑换商城”。

“个人中心”：主要为了方便用户查看个人的基本情况，包括等级、积分记录、兑换记录、积分月报、支付宝会员生活号、我的客服，以及功能设置。

“我的特权”：这是支付宝会员权益的重要板块，后续我们将做更细节的拆解。

“我的家”：主要是邀请用户的亲人在一起使用支付宝。

“每日赚积分”：积分是支付宝很重要的会员权益之一，为了让用户更多地登录支付宝平台，所以每日赚积分的板块也提供了许多让用户停留下来的任务与功能，并以回馈积分的方式吸引用户多使用支付宝。

“积分乐园”：该板块更加强调交互性和娱乐性，通过线上小游戏、抽奖等方式吸引用户赚取积分、消耗积分。

“我的积分”：让用户更加清楚自己积分的获得与消耗情况。

“积分兑换商城”：支付宝提供了公益积分兑换，支付宝平台特色的积分兑换，影音娱乐、精品好货、甄选美食等异业合作的积分兑换。（见图 8–3）

要建立一个完善有效的会员体系，紧抓用户的核心诉求是关键，所以越是将用户的利益作为会员体系的核心，消费 + 获权 + 行权的闭环越畅通，平台的会员体系建设才越有意义。

支付宝会员体系将用户分为了 4 个等级，即大众会员、黄金会员、铂金会员、钻石会员，每个等级的会员权益各不相同。而以上 4 个等级的核心用户指标有三个关键：

◎ 消费购物类；

◎ 生活缴费类；

◎ 金融理财类。

只有在这三个场景下高频应用支付宝，才能够获得积分和等级的成长。而这三个指标也就是支付宝会员体系的北极星指标。

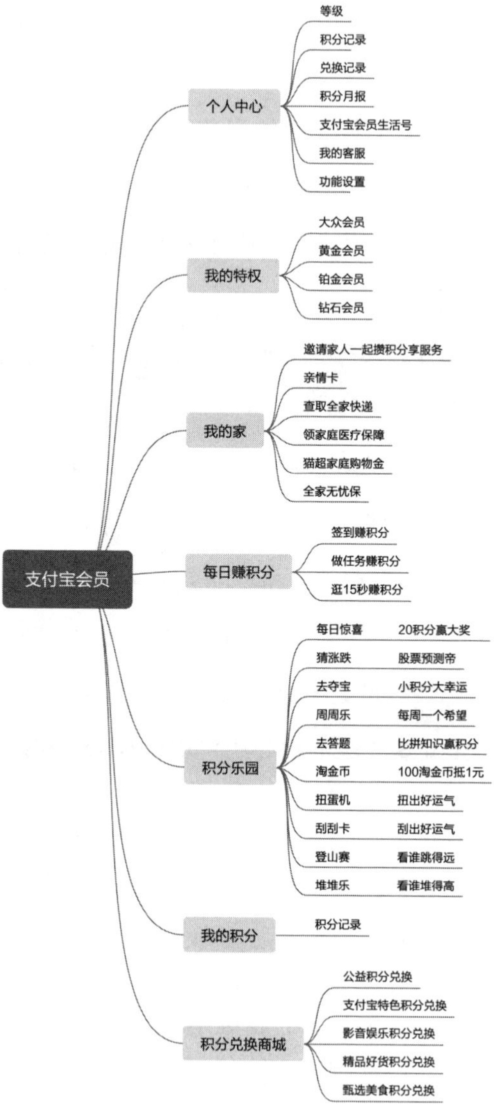
支付宝会员
个人中心
等级
积分记录
兑换记录
积分月报
支付宝会员生活号
我的客服
功能设置
我的特权
大众会员
黄金会员
铂金会员
钻石会员
我的家
邀请家人一起攒积分享服务
亲情卡
查取全家快递
领家庭医疗保障
猫超家庭购物金
全家无忧保
每日赚积分
签到赚积分
做任务赚积分
逛15秒赚积分
积分乐园
每日惊喜 20积分赢大奖
猜涨跌 股票预测帝
去夺宝 小积分大幸运
周周乐 每周一个希望
去答题 比拼知识赢积分
淘金币 100淘金币抵1元
扭蛋机 扭出好运气
刮刮卡 刮出好运气
登山赛 看谁跳得远
堆堆乐 看谁堆得高
我的积分
积分记录
积分兑换商城
公益积分兑换
支付宝特色积分兑换
影音娱乐积分兑换
精品好货积分兑换
甄选美食积分兑换

图 8–3　支付宝会员板块

支付宝会员权益有以下几部分。（见图 8–4）

◎ 功能类权益：包括账户安全险和蚂蚁森林的能量保护罩（但不得不说，这个能量保护罩对于用户来说作用有点鸡肋，虽然是公益项目，发心也很好，但是作为会员权益离用户的感受还是有些远）；

◎ 优惠类权益：包括免费提现、免费还款、境外钻石汇率、美食特权、购物特权、免费充电；

◎ 内容类权益：如网易云音乐会员权益；

◎ 服务类权益：包括国内多个航空公司的快捷登机服务、北京接机、高铁贵宾厅、四川旅游卡等超 200 项特权，支付宝 VIP 服务，多家酒店专享服务及优惠权益；

◎ 身份类权益：分为大众会员、黄金会员、铂金会员、钻石会员；

◎ 个性化权益：即家庭共享服务，包括获得亲情卡、查取全家快递、领家庭医疗保障、全家无忧保、猫超家庭购物金；

◎ 积分类权益：如积分兑换实物类或虚拟类商品、积分抵现加价购。

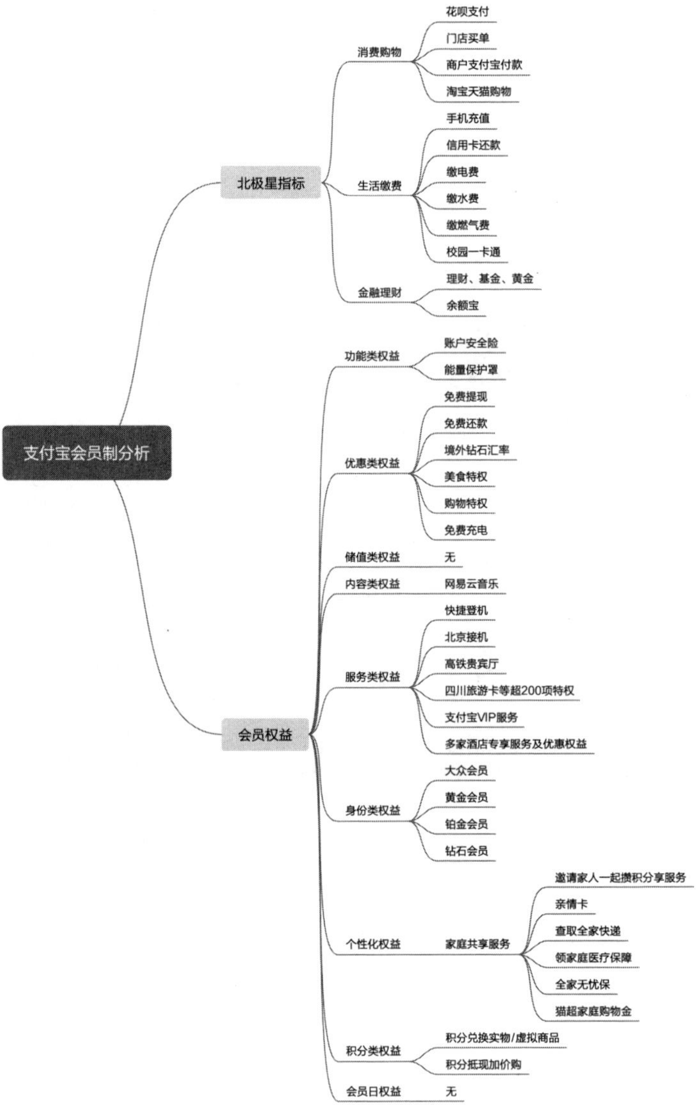

图 8–4　支付宝会员制分析

支付宝会员体系有以下设计亮点。

1. 深挖支付的高频入口场景

手握着支付的能力，支付宝的会员体系设计深度围绕着高频的生活日常支付场景、金融理财场景等开展。当这些场景加载得越为丰富时，支付宝超出仅支付这个单一功能的平台印象就越得以放大，成为一个社会生活的基础配套。

而一旦一个平台成为社会生活的基础配套时，就决定了其发展的持续性。

2. 整合阿里系服务能力及异业能力

会员制在运营当中一个关键的功能是异业联盟，这是基于充分尊重会员需求的多样化，所以异业联盟已经在大体量的会员企业中开展起来。

阿里系覆盖的自有业务以及合作业务涉足广泛，所以在支付宝的会员权益设计中，很好地整合了阿里体系的服务能力以及异业联合的能力，而这些通过支付宝平台释放的业务或品牌能力又能反哺自身的主业务阵地，所以是强强联合。

3. 以等级分层帮助用户成长

会员等级是为会员所张贴的特别标签，方便企业根据会员贡献价值进行差异化分类管理。支付宝的会员体系在等级设计上有4层，分别为大众、黄金、铂金、钻石，每个等级的升级要求及权益不尽相同，越高的等级对于消费贡献+获权+行权要求越高，但是如果用户在这个过程中深刻地体验到高等级的特权后，则容易产生依赖感和自发的等级维护性，能更好地促进用户在体系内的贡献与成长。

会员等级的设计本质上是为了提高用户对商户、对产品的黏性，形成持续、稳定的利益或行为输出。通过这种分级差异化运营，尽可能地提升会员贡献度，最终为商户带来更大、更长久的收益。

4. 赋能合作伙伴成长

作为一个大流量入口，支付宝已经远远超出了支付的功能，继而在广告上也发挥了重要的流量带入作用。通过会员的积分兑换、异业联盟的方式，支付宝也为合作商家带来了更多的流量机会。

5. 从个人服务覆盖到家庭性服务

支付宝平台的社会基础设施建设属性，也让许多的生活服务在平台上得以实现。但是作为一个家庭来说，并不是所有的人都能够应用支付宝平台操作自如，如老人与小孩。所以从方便用户的角度上，支付宝的会员制不仅满足了个人的服务需求，还实现了个人为家庭代办诸如理财、保险等服务，让整个家庭性服务一条龙得以在平台上完成，这也是平台将用户群体延伸的重要方式。

本节小结

支付宝作为国内第三方支付平台的翘楚，不只是一个简单的支付工具，而且升级成为人们日常生活服务的重要依托平台。

如何留住用户？支付宝会员制打造的让用户在消费 + 获权 + 行权上的闭环，很好地留住了用户，并提升了用户的使用频率。

同样是第三方支付平台，用户基于自己在平台上做出的支付行为，获得一定的激励和权益，这在一定程度上帮助支付宝在竞争激烈的支付市场拿下更加稳固的用户心智，获得更多的市场份额。

要点提炼

1. 支付宝做会员制最主要的目的就是增强用户的黏性，留住用户，让用户在需要支付的场景下优选支付宝，这就是会员制带来的价值。

2. 支付宝实现了消费 + 获权 + 行权的闭环。

3. 支付宝会员体系的核心指标：第一是消费购物类，第二是生活缴费类，第三是金融理财类。

4. 在会员权益的设计上分为以下几部分。（1）功能类权益：包括账户安全险和蚂蚁森林的能量保护罩；（2）优惠类权益：包括免费提现、免费还款、境外钻石汇率、美食特权、购物特权、免费充电；（3）内容类权益：如网易云音乐会员权益；（4）服务类权益：包括国内多个航空公司的快捷登机服务、北京接机、高铁贵宾厅、四川旅游卡等超 200 项特权，支付宝 VIP 服务，多家酒店专享服务及优惠权益；（5）身份类权益：分为大众会员、黄金会员、铂金会员、钻石会员；（6）个性化权益：即家庭共享服务，包括获得亲情卡、查取全家快递、领家庭医疗保障、全家无忧保、猫超家庭购物金；（7）积分类权益：如积分兑换实物类或虚拟类商品、积分抵现加价购。

5. 支付宝会员体系的设计亮点：深挖支付的高频入口场景；整合阿里系服务能力及异业能力；以等级分层帮助用户成长；赋能合作伙伴成长；从个人服务覆盖到家庭性服务。

课后作业

请你根据支付宝的会员思维分析，找到一个支付工具，尝试对其会员体系进行分析和拆解。

➊ 选择品牌：________________________________

➤➤ 分析拆解：________________________________

____

____

____

____

____

学习加油站

1. 想要获得更多表格工具及学习资料，请关注微信公众号“刘芳在想”，回复关键词“流量”获得超 200 页的 PPT 学习资料包；

2. 关注微信视频号“刘芳在想”可观看更多精彩课程视频；

3. 添加个人微信号“fairy158158”交流。

8.4 考拉海购会员制

在互联网的创新下，电商连绵不断开辟了很多新的战场，从消费升级到下沉市场，从社交电商到海淘海购，各种市场和新概念层出不穷。

而如何在巨头盘踞的电商市场分得一杯羹，考拉海购的会员制电商可谓另辟蹊径。

电商平台刚发展的时候，有些打着免费加低价诱惑用户转移消费的习惯，有些找到了一个空白的需求点切入，从而获得了自己的市场。

但随着用户在线上各电商平台的消费习惯逐渐形成与分化，后来者考拉海购要如何在看似已经饱和的市场切入呢?

2021 年 3 月 24 日，在 2021 全球商家大会上，考拉海购宣布将成立“数字化新品研发中心”，首批联合 100 个品牌，一年内研制出 500 款新品。同时考拉海购新任 CEO 吕健美向外界介绍考拉海购发力会员电商，半年来考拉海购黑卡会员增长超过 150%，沉淀了一批有消费力和潮流影响力的忠实用户。

随着考拉海购宣布战略升级，打造专属会员体系及精选+定制的模式，考拉海购逐步进入了爆发期。

其实，原来的考拉海购并没有过于强调会员制的概念，但是现在用户从APP上的详情页部分能看到会员与非会员的体验差别是很大的，而且随着考拉海购的战略升级，付费的黑卡会员增速也非常快。

考拉海购平台中的黑卡会员是其会员体系中非常宝贵的用户资产，因为其付费属性，再加上平台的定位为中高级消费类的商品，所以考拉海购的会员中有一大批追求个性、崇尚多元的新中产阶层用户，他们喜欢探索不同的生活方式，愿意尝试新鲜的事物，是未来消费升级的引领者。

而与其他电商平台不同的地方是，考拉海购会员体系中的新中产阶层用户也是品牌最为看中的，因为新中产阶层用户乐于接受一些有一定品牌积淀，同时又小众的品牌，会主动搜索关于这些品牌的背景知识，了解其成分，给很多小众品牌以发展的机会。

从考拉海购的黑卡中心，我们可以看到黑卡279元的会费与Costco基本持平，享有十大升级权益（见图8-5，准确来说是11项，因为有一项异业合作的服务并没有纳入考拉黑卡的标准会员权益当中，但是仍然可以在黑卡的界面找到相关的服务），粗略测算每年可以帮助用户节省 3088 元。

虽然考拉海购不拼 GMV（成交总额），提倡提供精致独特的消费体验，但是实打实的优惠仍然是考拉海购黑卡的基础。一掷千金的新中产们对于体验和产品有自己独立的态度，但是他们也一样关心五花八门的优惠券、折扣券、税费券、运费券、专享券等，另外每年还有 1200 元的专享消费券定时派发。

考拉黑卡会员还可以拥有专享的高效率与到位的服务，24 小时人工专属服务、退货免运费、免费上门取件，除了让用户无忧消费之外，考拉海购全球工厂店还与海外品牌合作，定制黑卡会员专享的专属商品，并且还提供宠物、星座和医美之类的异业合作的延伸性服务。

传统的电商逻辑是赚商品的差价利润，所以常规的打法是用相对低的价格把流量做起来，之后去拼商品销售的规模。但是会员制电商做的就是按需定制，精准带货，本质上是用会员的体验去做会员的黏性，靠服务把利润做高。

有研究显示，到 2025 年中国新中产阶层用户将增至 5 亿人的规模，所以考拉海购把会员数量从当前的几百万做到几千万并非难事。与传统的电商会员考核指标不一样的是，考拉海购会更关注以下三个北极星指标。

第一，高客单价。

考拉海购黑卡会员的消费能力很惊人，客单价是非会员的 7.5 倍，这还并不完全是购买力决定的，更多的是因为考拉海购会员机制的完善。

由于打通了会员的权益和服务的界限，考拉海购得以打包更多的服务场景来刺激用户的尝鲜能力。比如，黑卡会员可以专享商品特定的价格，以及获得免税及免运费的资格。

第二，高活跃度。

让用户活跃的方式，并非只有让利，还可以通过一系列的激励方式，促使用户更高频地使用 APP。

考拉海购与联盟商家尝试了许多的消费体验创新，来建立会员与品牌之间的全新沟通机制，如考拉海购有“黑卡会员上开屏”的宠粉玩法，在父亲节当天一对艺术家父女的合照上了 APP 的开屏页；而黑卡圆梦也搞过海底拾荒的环保活动，将商业与人文的边界模糊，体现了更多的人性化营销。

第三，高复购率。

高的复购率是良好运营的重要指标，但是高复购率的前提，是必须对用户的需求有着很强的洞察和判断能力。今天的新中产阶层用户既热爱大牌，但也不排斥个性化的小众品

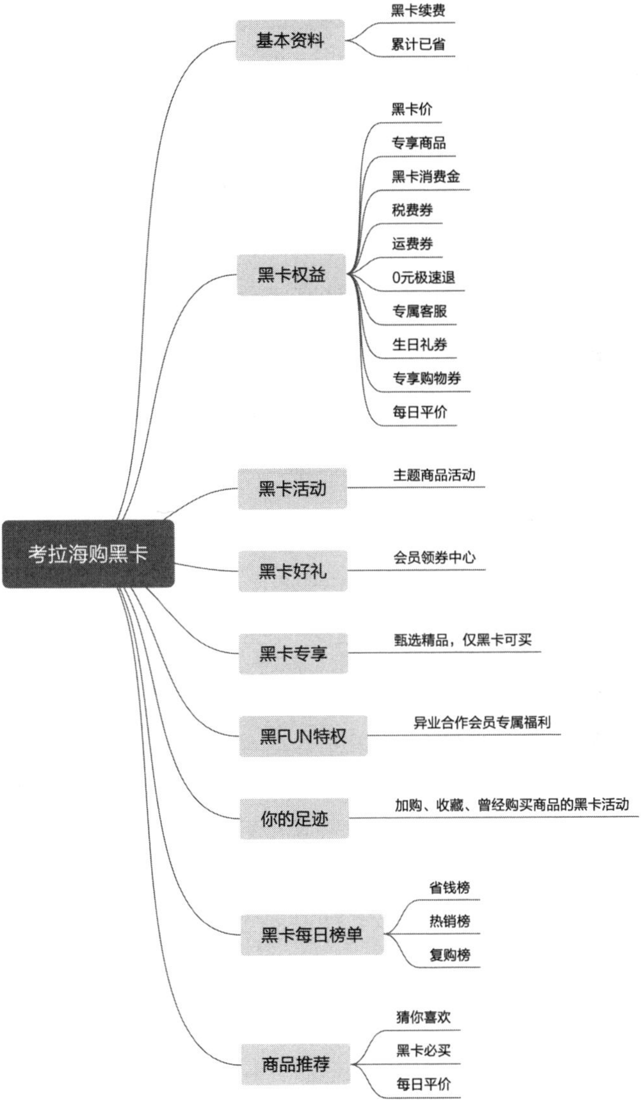
考拉海购黑卡
基本资料
黑卡续费
累计已省
黑卡权益
黑卡价
专享商品
黑卡消费金
税费券
运费券
0元极速退
专属客服
生日礼券
专享购物券
每日平价
黑卡活动
主题商品活动
黑卡好礼
会员领券中心
黑卡专享
甄选精品，仅黑卡可买
黑FUN特权
异业合作会员专属福利
你的足迹
加购、收藏、曾经购买商品的黑卡活动
黑卡每日榜单
省钱榜
热销榜
复购榜
商品推荐
猜你喜欢
黑卡必买
每日平价

图 8–5 考拉海购黑卡

牌，考拉海购深刻洞察到了用户的需求，在需求的满足上促进用户持续性的复购。

我们在分析完考拉海购会员体系的北极星指标之后，再来分析它的会员权益设计逻辑。

考拉海购的会员权益设计其实并不复杂，主要集中在以下几个部分。（见图 8–6）

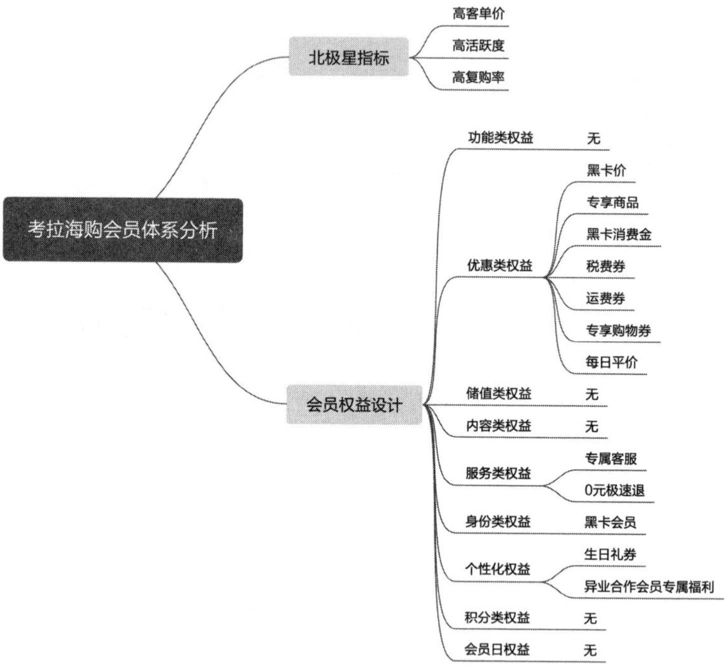

图 8–6　考拉海购会员体系分析

◎ 优惠类权益：考拉的优惠类权益设计非常强调用户付出的价值和可预算价值之间的超值性，这些权益包括专属的黑卡价、专享商品、黑卡消费券、税费券、运费券、专享购物券和每日平价的活动；

◎ 服务类权益：包括专属客服、0 元极速退，这类权益设计的目的是让用户获得贴心的专属咨询服务，并且可以无忧购物；

◎ 身份类权益：目前考拉海购只设计了一个黑卡会员的身份，也让用户非常清楚简明地了解黑卡会员的身份等级以及权益体系；

◎ 个性化权益：包括生日礼券以及异业合作会员专属福利。

考拉海购会员体系的设计亮点有以下几点。

1. 通过付费会员锁定优质用户

商家推出付费会员机制通常有以下四种目的：

◎ 提高用户留存率；

◎ 提升用户价值；

◎ 得到会费收益；

◎ 建立流量桥梁。

让会员付费是有着较高门槛的动作，但是通过超出价值感的权益设计，则能锁定优质的用户，并锁定用户长久持续的消费渠道。

2. 付费价值与可省价值对比强

考拉海购黑卡的会员资格需要付费获得，所以必须让用户感知到所获得的权益价值远远超过付出的费用，这一点非常重要，因为如果这个价值感不强，用户也不会做出付费成为黑卡会员的选择，这也是所有付费会员制设计存在的难点，必须精确地计算出会员的消费能力、营销成本、毛利收益。

3. 付费会员有着更强的尊享感

黑卡的专享商品让用户更加有身份的尊享感和差异感，但前提是这些商品要足够好，而不是随便找些商品滥竽充数，尤其是对有消费能力的新中产阶层用户来说，他们更挑剔。

4. 服务无忧购让用户放心买

对高价值的商品，要更加关注后端服务能力的全面性，尤其是以海淘商品为主的考拉海购。如果在服务上能提供全面的无忧购，则可以让用户毫无后顾之忧地购买，不好、不满意都可以退，这在很大程度上减轻了用户的选择矛盾与焦虑感。

本节小结

在会员制电商方面，考拉海购关注的用户群体为正在逐步增加的新中产，这个群体既追求产品好，也要个性化，既喜欢高知名度品牌，也不排斥小众品牌。他们除了关注产品之外，也关注服务的细节与独特的体验。

考拉海购黑卡会员的超值体验、贴心服务，换来用户的高黏性、高购买力、高复购率。

要点提炼

1. 考拉海购黑卡会员是其会员体系中非常重要与宝贵的用户资产，其中有一大批追求个性、崇尚多元的新中产，他们喜欢探索不同的生活方式，愿意尝试新鲜的事物，是未来消费升级的引领者。

2. 考拉海购会更关注以下 3 个北极星指标：高客单价、高活跃度、高复购率。

3. 考拉海购的会员权益主要集中在以下几个部分。（1）优惠类权益：考拉的优惠类权益设计非常强调用户付出的价值和可预算价值之间的超值性，这些权益包括专属的黑卡价、专享的商品、黑卡消费券、税费券、运费券、专享购物券和每日平价的活动；（2）服务类权益：包括专属客服、0 元极速退，这类权益设计的目的是让用户获得贴心的专属咨询服务，并且可以无忧购物；（3）身份类权益：目前考拉只设计了一个黑卡会员的身份，也让用户非常清楚简明地了解黑卡会员的身份等级以及权益体系；（4）个性化权益：包括生日礼券以及异业合作会员专属福利。

4. 考拉海购会员体系的设计亮点：通过付费会员锁定优质用户；付费价值与可省价值对比强；付费会员有着更强的尊享感；服务无忧购让用户放心买。

课后作业

请你根据考拉海购的会员思维分析，找到一个电商平台，尝试对其会员体系进行分析和拆解。

➤ 选择品牌：____________________

➤➤ 分析拆解：____________________

____

____

____

____

____

学习加油站

1. 想要获得更多表格工具及学习资料，请关注微信公众号“刘芳在想”，回复关键词“流量”获得超200页的PPT学习资料包；

2. 关注微信视频号“刘芳在想”可观看更多精彩课程视频；

3. 添加个人微信号“fairy158158”交流。

TRAFFIC MONETIZATION

09

第九章　私域思维

本章要点

9.1　公域流量转私域流量，建好池塘帮你养鱼

9.2　奈雪的茶：疫情期盘活千万级用户，在私域进行深度链接

9.3　喜茶：手握千万级私域流量，用数字化泡出艺术茶

9.4　钟薛高：传统雪糕品类进军私域，成为国民级冰品

9.1 公域流量转私域流量，建好池塘帮你养鱼

自从公域流量与私域流量的概念被提出后，到现在为止业内还没有对这两个概念进行明确的定义，大家都在用自己的方式解读着公域流量与私域流量的含义。

我们在本书中讨论的公域流量，是指**初次主动或被动参与到开放平台的内容曝光中的流量。**

有哪些开放平台呢？

比如，以搜索流量为代表的百度、360 和搜狗，以电商流量为代表的淘宝、京东、拼多多，以生活服务流量为代表的美团、滴滴、58 平台，以信息流为代表的今日头条、腾讯新闻，都是公域流量的平台。甚至连线下实体商业街中走动的人群，也可以视为这条商业街的公域流量。

你可能会说：这怎么可能是公域流量呢？如果我的账号在今日头条上有 100 万的粉丝，这些都是我的私域流量啊！

实际上，对以上这些平台来说，这些粉丝是平台自己的私域流量，但是对于在平台上的单个品牌、商户来说，却只是他们的公域流量。超量级的平台毕竟是少数，我在本书中更关心千千万万单个品牌、商家私域流量的建立。

在本书中讨论的私域流量定义却与公域流量恰恰相反，它是在初次产生关系的基础上相对封闭的信任流量，**指从公域或者他域当中引流到单个品牌自己所属的官网、APP 或者一对一、一对多可主动触达的用户名单当中的流量**。而这类流量的获取难度非常高，但也正是因为它的获取难度高，经过了前期的筛选、评估，用户黏性也是非常高的。比如，用户在品牌的淘宝店（公域流量）下单购物后，通过收到的品牌宣传资料的二维码关注了其企业微信，并在引导下进入了企业微信群中，有专属导购跟踪服务，则可以认为已经进入了该品牌的私域流量当中。

那么可以用于运营和管理私域流量的平台有哪些呢？比如，适合私域经济生长的微信生态。

微信是如何一步步地演变成为私域流量最佳载体的呢？

2013 年 8 月，微信支付正式上线，为整个微信生态补上了极其重要的一个闭环。而基于微信公众号、社群、个人号的在线购物也开始兴起，为未来私域经济的发展打下了良好的基础。

在传统流通链条中，用户要购买某个品牌的商品，需要通过购物中心、百货商店、便利店或者电商平台来进行。这是一条非常直的链条，一般来说不会有岔路可走。产品品牌如果不通过这些终端渠道，很难让它们的产品与用户产生任何的链接机会。

而随着微信的出现、社交的强化、线上工具技术的成熟，品牌商也发现居然拥有了与用户进行直连与互动的机会。与此同时，基于微信生态中开发的多人拼团、好友砍价、社群团购等多样化的营销工具及交易闭环的玩法越来越丰富、越来越成熟，用户被逐步地卷入了私域经济的浪潮之中，更让许多线下传统零售企业一直直行的线路产生了偏航。

当下私域场景下的购物逻辑，在过往是根本无法想象的，所以随之而来的私域经济也成了众多商家、品牌商非常关注的话题。

随着用户消费行为的转移，微信公众号、小程序、微信群、企业微信都成了用户购物的阵地。

更让品牌与商家趋之若鹜的是：私域生态内的用户会对品牌建立起更高的信任度和忠诚度，而这种信任度和忠诚度一旦建立起来，就能大大提高其购买的频次。同时，会员积分、充值、权益等运营理念及方法的成熟，更是让商家认为私域流量的深度挖掘大有可为。

在私域流量的构建中，有一个不得不提的概念，就是社群。社群是基于社交关系链，将一群有一致意识、目标、行为的人聚合，产生巨大的经济效益，是品牌构建私域流量的首选。目前在中国的社群运营培训机构当中，“橙为”品牌以独角兽姿态出现。创始人邻三月老师深耕社群领域7年，是社群领域最早一批创业者，6年来培养了5000多名社群运营优秀人才输送到各行各业，已跻身国内社群人才孵化基地的第一梯队。

畅销书《你是孩子的光》作者张小桃，刚出书时其本人还没有太大的流量，为了更好地助力这本书的销售，她在新书上市前用社群的方式，将支持的朋友和有意向买书的消费者统一拉群，并通过在社群中一波又一波有节奏的营销活动，助力新书冲上了当当亲子/家教类新书榜和飙升榜总榜双第一。

越来越多的商家采用导购+小程序+社群+企业公众号的方式，将用户留存在自己的私域流量当中。而从打开率、触达频次、用户信任度、安全、稳定性等维度，企业微信的优势正在逐步显现出来。

但是私域流量平台就只有微信吗？并不一定。

只是在当下来说，微信的这个生态更加适合品牌将自己的流量聚集，并实现快捷触达，而会进入品牌私域流量池的用户，对品牌的认同度和忠诚度也是非常高的。

所以，我对本书讨论的私域流量，有三个标准：

◎ 归集于自家账号/平台中，且可以自由触达这些流量；

◎ 对私域流量池中的用户来说，品牌已经形成了有一定影响力的 IP；

◎ 私域流量池中的用户对品牌忠诚度高。

我曾带领团队搭建了一个线下实体店品牌千万量级的微信公众大号。其实将线下的流量引入私域过程中遇到了许多的问题，而在搭建这个大号的过程中，我们要将公域流量转化到微信公众号的私域流量之中，要非常了解自己的目标流量群体在哪里，如何触达他们，用哪些内容活动形式打动他们，设计怎么样的引流路径才能够进入私域平台当中。

◎ 流量在哪里：线下实体店中；
◎ 如何触达：线下物料、店员口播；
◎ 内容运营：优惠活动、新品推广、品牌情怀、用户关爱；
◎ 引流路径：消费者到店扫码关注或微信支付后关注公众号，再从公众号分流到品牌官方总社群与店主自建的社群中。

也就是说，搭建私域流量，首先要在公域流量中曝光，获得用户的心智和认同，拿到流量并导入私域流量池中，之后再通过最适合运营管理私域流量的小程序、公众号、APP、官网、微信社群、QQ 社群等，将公域流量引入进来，成为私域流量，进一步就是在私域流量进行激活、留存与变现，并带来持续的传播影响力。

在本章中，我们将分别从具有代表性的新消费品牌——奈雪的茶、喜茶、钟薛高这三个品牌入手分析它们在私域流量中的打法。

学习加油站

1. 想要获得更多表格工具及学习资料，请关注微信公众号“刘芳在想”，回复关键词“流量”获得超200页的PPT学习资料包；

2. 关注微信视频号“刘芳在想”可观看更多精彩课程视频；

3. 添加个人微信号“fairy158158”交流。

9.2 奈雪的茶：疫情期盘活千万级用户，在私域进行深度链接

这么多年来，茶饮一直都是围绕年轻人的生意，而各个品牌也都在通过原料、口感、颜值等多方面标签抢占年轻用户的心智。

但是，功夫做得深不深，一场疫情就让新式茶饮的用户基础显露无遗。

而奈雪的茶通过有预见性的私域经营在疫情期经受住了市场严峻的考验。

奈雪的茶创立于2015年，创新打造“茶＋软欧包”的形式，以20—35岁年轻女性为主要客群，是目前中国茶饮企业中少有的主打“茶＋软欧包”定位的品牌。优质的食材，创意的茶饮，有设计感的空间，奈雪的茶走上一条高端现制茶饮的发展线路。

截至2021年2月5日，奈雪的茶门店总数为507家。2018年营收为10.87亿元，2019年为25.02亿元，2020年前

三季度营收为 21.15 亿元。

除了交出漂亮的营收成绩外，奈雪的茶也入选中国茶饮十大品牌，更于 2021 年 6 月 30 日正式在港交所挂牌上市。

虽然奈雪的茶发展很快，但是对于新茶饮行业来说，竞争者多，行业的整体增速已趋于放缓，所以也从流量的竞争转向了存量竞争的状态，而进军资本市场又必须让其扩张。新茶饮行业的扩张速度主要取决于店铺的数量，但是光有数量没有质量还是不行，而质量还必须有赖于数字化的建设。

在新消费时代当中，用户呈现出更加多元化、个性化的体验需求，而如何把握这种多变的需求，数字化是基础。所以大多数的新茶饮玩家都在通过构建自己的私域流量来达到数字化的这一目标。

奈雪的茶也不例外，这条路不但要走，而且要走得彻彻底底。

作为“茶 + 软欧包”双品类的领创者，本以线下实体经营为主盘的奈雪的茶也具有很强的互联网思维，早在 2018 年就开始布局数字化转型战略，2019 年开始会员体系化运营，月均新增会员数近 200 万。

纵观其布局数字化战略，建立线上线下无缝一体化的用户体验历程，奈雪的茶从 2018 年下半年开始建设自有小程序，而这一个动作就让品牌在小程序上积累了千万量级的私域用户。其自主开发的小程序营销活动、会员储值及等级权益增长等，将奈雪点单小程序与美团外卖中奈雪的会员权益打通，并推出了会员精选栏目等功能。

在会员总数上，2019 年年底奈雪的茶注册会员数为 930 万，到了 2020 年 9 月这一数字为 2920 万。根据奈雪的茶的数据，其订单总数中约 49.4% 来自奈雪的茶私域会员。

让众多线下实体餐饮品牌更深刻感受到私域能量的，可能是 2020 年的新冠肺炎疫情。

疫情期间，许多的线下实体店生意都被按下了暂停键，而受到疫情影响最为严重的餐饮行业首当其冲。与此同时，各餐饮企业纷纷采取各种各样的自救措施来改变经营策略，挽救生意，许多商家都通过发力线上来弥补疫情期生意上的损失。

2020 年 1 月 23 日起，为配合疫情防控，奈雪的茶相继有 200 家门店暂停营业。疫情对于奈雪的茶来说是一场大考。线下实体店靠着每天经营的现金流水运转，一天不开业，但人工、水电、铺租等没有一样成本会减少。在这样的严峻形势下，奈雪的茶推出了无接触自取 + 无接触外卖的门店营业方案，并采用一系列的营销方式激活用户。

奈雪的茶依托微信小程序以及第三方外卖平台等，针对宅家点单和门店自取两种渠道，相继推出相应的无接触服务，还在小程序上推出了免配送费活动。用户只需要进入奈雪的茶公众号调起小程序，或直接进入其小程序就可以实现在线点单。

除了推出以上服务外，在疫情期间为了激活用户，奈雪的茶也在小程序当中对符合条件的用户优惠券进行延期激活。

奈雪的茶还通过微信平台参与消费券派发活动，联合各地政府给全国用户发放了数十万张消费优惠券，用户在奈雪的茶点单后使用微信支付即可享受满减优惠。

除此之外，奈雪的茶也已经通过试水直播卖货来增强用户的好感度与黏性。对于品牌来说，通过针对私域用户采用直播＋社群＋小程序的方式，与用户互动带动销售，不失为一种好的方法。

通过对私域流量的运营，一方面，用户本身得到了实惠，带动了下单意愿；另一方面，微信支付通过自身的科技优势以及深耕行业多年获得的大数据积累，将奈雪的茶的线下业务和用户资产进行了线上数字化管理与运营，实现了线上线下的无界融合，品牌私域用户的粉丝黏性得到增强。奈雪的茶依托微信支付以及会员用户运营等工具，自身的数字化能力也得到了进一步提升。

疫情的发生给所有的线下实体店敲响了经营的警钟。

当线下门店在这种特殊情况下暂停营业，没有一个顾客进店时，你还知道你的顾客在哪里吗？你还能够随时触达他们保证线下的经营正常吗？

线上线下渠道齐开花是最理想的状态，但是擅长线下经营的实体店，不一定在线上能够游刃有余。重视线上的流量渠道，并不是说仅仅在平台开一个外卖业务就够了，而是要建立起属于自己的流量池。这样，即使门店因故不能正常开门营业，但是只要知道自己的顾客在哪里，也一样能找到他们，一样可以做生意。

有先见之明的奈雪的茶，利用小程序积累了千万量级的用户，基于此，奈雪的茶将线下流量变成了留量，组建了自身的私域流量池。

此次疫情也加速了类似于奈雪的茶这样的餐饮企业的线上迁移，在私域的场景中，品牌的想象空间也更大了。堂食、外带、外卖、零售，不同的产品结构与盈利模式，都可以在私域的场景下重新进行资源整合与配置。

本节小结

不管是利用微信小程序、第三方平台还是直播带货，奈雪的茶在流量经营上都跳出了原有经营模式的桎梏，多方向渠道积极发力，有预见性地建立了自己的私域流量池，打通了品牌到用户的最后一段距离，也让奈雪的茶度过了疫情生死年，更看到了更大的私域流量数据化进程的方向。

要点提炼

1. 新茶饮行业竞争者多，行业的整体增速已趋于放缓，所以也从流量的竞争转向了存量竞争的状态，而进军资本市场又必须让其扩张。新茶饮行业的扩张速度主要取决于店铺的数量，但是光有数量没有质量还是不行，而质量还必须有赖于数字化的建设。

2. 疫情期间，奈雪的茶依托微信小程序以及第三方外卖平台等，针对宅家点单和门店自取两种渠道，相继推出相应的无接触服务，还在小程序上推出了免配送费活动。

3. 为了激活用户，奈雪的茶也在私域小程序当中对符合条件的用户优惠券进行延期激活；通过微信平台参与消费券派发活动，联合各地政府给全国用户发放了数十万张消费优惠券；通过试水直播卖货增强了用户的好感度与黏性。

课后作业

请你根据奈雪的茶的私域思维分析，找到一个餐饮品牌，尝试对其私域思维进行分析和拆解。

选择品牌：________________________________

分析拆解：________________________________

____

____

____

____

____

学习加油站

1. 想要获得更多表格工具及学习资料，请关注微信公众号“刘芳在想”，回复关键词“流量”获得超 200 页的 PPT 学习资料包；

2. 关注微信视频号“刘芳在想”可观看更多精彩课程视频；

3. 添加个人微信号“fairy158158”交流。

9.3 喜茶：手握千万级私域流量，用数字化泡出艺术茶

喜茶的发展从默默无闻到众人皆知，从排队两小时到用户出高价请黄牛代购，无一不是风口浪尖上的焦点新闻。

但这些，只是它的表面。

喜茶真正的功力，在于用千万级的私域流量，打通了全域及全链路数字化。

顾客花两个小时排队，还在门口拍照炫耀为其做免费的广告，这大概只有喜茶做得到。

很难想象，一个低调到连在百度上的资料都很少的管理团队，品牌却异常火爆。

2021 年 2 月 1 日，喜茶发布最新数据，截至 2020 年年底，喜茶已在海内外 61 个城市开出 695 家门店，同时喜茶还推出了子品牌：主打外卖即拿即走的“喜小茶”和高端饮品品牌“喜小瓶”。

喜茶的目标客户群体是追求高品质生活的年轻人，无论

是其产品包装还是门店的风格，遵循的都是酷和简约，而且为了迎合客户群体的猎奇口味，不断推陈出新，并且寻求跨界合作，推出跨界联名产品持续引人关注。

发展规模和吸睛产品只是人们看到的表象数据与亲身体验，其实，喜茶还藏了一个构建私域流量的大招。

据喜茶发布的资料，截至2020年12月31日，作为喜茶私域流量的根据地——“喜茶GO”微信小程序会员数为3500万。

3500万是一个什么样的概念呢？

通常超过2000万人口的都是世界上数一数二的大都市，如总人口超2400万的上海市。

所以其实我们在谈论喜茶的私域流量规模的时候，相当于在谈论一座城池。

到底是什么动因促使喜茶建立起自己的私域流量？

喜茶成立之初，曾深陷排队的问题和争议当中。

老友A：“喝喜茶吗？”

老友B：“排队两小时啊！”

要排两小时的队，这么长的产品获得时间，的确，这既是一个看点，也是一个爆点，更是痛点，因为这已在无形之中让喜欢喜茶的用户望而却步。

除此之外，对于喜茶来说，外卖平台是茶饮类企业的兵家必争之地，如果用户在外卖平台上的需求被其他茶饮品牌满足，必然影响自家的生意。

但是，外卖平台上的竞争一点也不亚于线下的竞争程度，排序、曝光度、点评等都会影响外卖销量的走势。所以在这样一种情况下，包括喜茶在内的许多商家必须寻求新的道路。

而建立起品牌自有且能自由快速触达的私域流量，就是最佳的解决方案。

2018 年，喜茶上线了“喜茶 GO”微信小程序，正式启动了自己的私域流量数字化的计划。该小程序投入使用后，无论是自取货还是外卖的场景，都形成了一个完整的闭环。

用户的场景链路：

◎ 逛街前不想排队，先预约点好一杯，到达门店后再取货；

◎ 点外卖，在小程序上直接下单，选择外送服务。

在以上操作场景下，喜茶轻而易举地利用品牌优势 + 用户痛点获得了小程序上的流量沉淀。

喜茶实现了下单、预约和外卖一体化，极大地简化了用户获得喜茶产品的方式，也丰富了其线下门店的购物场景，更是建立起了自己的私域流量池，开启了茶饮数字化的新时代。

茶饮是一门“黏度很高，也很低”的生意。

黏度高在于茶饮含糖，糖本就容易让人上瘾。

黏度低在于新式茶饮用户忠诚度普遍偏低，虽然头部品牌优势明显，但是仍然有着较高的替代度。

喜茶靠什么来黏住用户？为什么它能够在产品上不断推陈出新，而且能够引发很好的用户反响？

究其底层原因，就是通过对私域流量的数字化运营，对用户进行了精准洞察以实现对市场的精准打击。比如，喜茶研制的多款茶饮新品中，很多的灵感都来自用户。

在 2020 年疫情期间，喜茶小程序上设置了智能取茶，手机远程一键开柜取茶，确保用户能够安全喝到喜茶。

综合用户痛点 + 发展战略来看，我们就理解了喜茶做私域流量的作用。

1. 解决了顾客排队的痛点

因为门店的产品制作能力是有限的，并不会因为用户排队时间长就可以增加制作量。虽然会让用户觉得门店的生意好、影响力大，但是某种程度上也让用户产生了排队耗时的畏难情绪，继而将需求转移到其他品牌。将自己的用户拱手让人，换了哪个品牌也不愿意。

2. 摆脱线上外卖平台的压榨

线上外卖平台的竞争与获客成本持续高企，一点也不亚于线下的经营获客成本。从目前来看，充其量也就是能够借助第三方的配送辐射到相对宽的商圈范围，而线上平台以手持大量的用户来压榨商户的情况也非常普遍。商家除了在产品上让利之外，还要向平台支付一定的佣金比例，而建立了自有私域流量，则有机会摆脱对大流量的第三方外卖平台的深度依赖。

3. 将线下的流动用户统一归集

线下流动的用户对于实体店来说是非常精准的，如果这些用户不能够用私域流量的方式来进行统一管控，那么流量就很容易浪费，尤其是像奶茶这一类用户忠诚度低、喜好更新特别快的新式茶饮企业。所以，将线下流动的公域用户私域化，就相当于建了一个池塘，把用户都放在池塘里养了。

4. 降低营销的成本和提高效率

自有的私域流量池可以方便快捷地触达用户，同时沉淀的用户数据也可以支持自动化的营销应用。比如，可以向用户分组推送他们可能会喜欢的产品推广文案；又或者用户长期习惯喝某款产品，最佳的体验就是打开小程序后，那款产品会被精准推送到最醒目的位置，减少用户的操作时间及决策成本。如果用户还要在应用中进行深度翻找的动作，复杂的路径会大大降低用户的体验。

5. 防止老客户的流失

打通线上线下全流程，形成完整的销售闭环，可以帮助用户养成消费的习惯，提高用户的复购率与留存率，同时辅以明确的奖励制度，将福利和会员等级进行匹配，更好地留住用户并促进其销售贡献。

6. 增强供应链数字化竞争力

说到底，产品的竞争实际上就是整个供应链数字化的竞争。借助各种数字化技术，让品牌对整个业务的运转享有更高的能见度、更出色的掌控力及更充分的互动。比如，因为你有私域流量，了解用户的数据，了解用户的性别、年龄、职业身份，且进一步知道他喜欢什么、热衷哪些品牌、关心什么事情、会被什么内容吸引，这些信息可以通过数字化来进一步分析与获得。而这些数据经过解读之后，就能够进一步指导企业进行快速决策及业务调整。

7. 实现线上 + 线下 O2O 一体化

喜茶 GO 小程序的背后是一个巨大的数字化平台，需要与门店的收银系统、供应链、员工即时沟通、运营等系统进行打通，才能够真正实现 O2O，即 Online to Offline（线下到线上）、Offline to Online（线下到线上）一体化运营。

本节小结

喜茶布局私域流量的初衷是解决用户排队的痛点，但是随着整个数字化应用的推进，喜茶逐步实现自主高频触达，构建起喜茶的数字化营销，强化品牌的影响力。

通过私域流量的构建，喜茶拥有了超越对手的核心竞争力。

要点提炼

1. 喜茶建立私域流量的初衷在于解决排队的问题。

2. 用户的场景链路：逛街前不想排队，先预约点好一杯，到达门店后再取货；点外卖，在小程序上直接下单，选择外送服务。

3. 综合用户痛点 + 发展战略来看，喜茶做私域流量的作用：解决了顾客排队的痛点；摆脱线上外卖平台的压榨；将线下的流动用户统一归集；降低营销的成本和提高效率；防止老客户的流失；增强供应链数字化竞争力；实现线上 + 线下的 O2O 一体化。

课后作业

请你根据喜茶的私域思维分析，找到一个餐饮品牌，尝试对其私域思维进行分析和拆解。

➤ 选择品牌：____________________

➤➤ 分析拆解：____________________

学习加油站

1. 想要获得更多表格工具及学习资料，请关注微信公众号“刘芳在想”，回复关键词“流量”获得超200页的PPT学习资料包；

2. 关注微信视频号“刘芳在想”可观看更多精彩课程视频；

3. 添加个人微信号“fairy158158”交流。

9.4 钟薛高：传统雪糕品类进军私域，成为国民级冰品

在这个时代，网红是通往品牌的必经之路。而深谙网络营销之道的钟薛高，被冠以网红品牌的名号。在2020年双十一打赢了哈根达斯，荣登冰品类销售第一宝座的钟薛高，成立时间不长，却在不断刷新着冰品类的销售纪录。

作为雪糕届的后起之秀，钟薛高是典型的新消费品牌，它几乎没有传统广告，而是热衷于用社交方式实现品牌传播。

2018年成立的钟薛高和大部分的国产雪糕不一样，一开始就坚持高定价来明确品牌形象，一下子打破了当时国内雪糕市场的布局，抢占了国产雪糕高价定位的空白区间。品牌如果仅仅靠理念，不可能如此快速地在市场上占据一席之地，而钟薛高的产品有以下几个特点。

◎ 高颜值：钟薛高的取名首先就非常中国化，它将中国的百家姓融合在一起，而其谐音完美地与“中式雪糕”形成了相得益彰的呼应。产品的外观采用瓦片形式 +

顶部回字，花纹和包装以祥云、生肖为主，紧紧抓住正在盛行的国潮风。

◎ 高品质：钟薛高被誉为雪糕中的“爱马仕”，原材料有来自吐鲁番的红提和爱尔兰的干酪、加纳的A+巧克力、日本的抹茶，传统雪糕并没有这种强有力的高品质成分加持，所以也颠覆了用户对于冰激凌这个品类的认知。

◎ 好味道：精选的好原料加上不断更新的口味，自然带来好的味道。而如果一个食品品牌能抓住用户的嘴巴，好看加好吃，用户吃了就很难忘了。

◎ 倡导健康：钟薛高努力做到“零添加”，不添加香精、色素，也没有大多数产品中的稳定剂、乳化剂和胶体，非常吻合新时代提倡的健康环保理念。

◎ 场景丰富：产品的分类心思巧妙，“一个不能少”“全家福”等款型丰富了使用场景。而每一根雪糕棒上都印有一句话，边吃雪糕还能边解密这句话，让吃雪糕的过程都颇有趣味性。丰富产品的仪式感，将用户的体验值也提高了。

钟薛高定位于国内雪糕品牌空缺的中高端市场来打造差异化的产品，结合国潮文化、环保理念、高品质、丰富口味、用户体验及覆盖场景，让用户始于颜值，陷于美味，忠于品质，抓住用户的嘴巴，抓住用户的眼睛，抓住用户的心智，最后抓住用户的消费走向。

钟薛高不但在2020年双十一天猫冰品类目销售额第一，甚至能够将一个国货品牌打造成雪糕中的高端品，更将这个垂直品类的消费场景从单一的个人消费扩充到家庭消费，从需求消费扩充到情感消费。

而这一切，让钟薛高破圈成为网红雪糕品牌，不断刷新着品类的销售纪录，也为品牌的发展奠定了增长的基石。

既然已跻身网红品牌，钟薛高为什么要做私域流量?

其实从上面的品牌特点分析，我们就可以一窥究竟：**钟薛高所定位的用户以年轻、高知、高收的家庭购物决策者为主。**

这一类用户注定不是普适型的用户，而是能够适应高端品并且有一定品质追求的特定消费人群。由于这类人群的特性非常明显，想要在大众用户中找到这群人本身就比较困难。找到这群用户之后，如果是做一锤子买卖，那就没有意思了，维护好这些稀有的用户资源，就成为钟薛高做私域流量的重要原因。

所以面对高端用户，品牌必须精耕细作。

那钟薛高是怎么做的呢？要分析钟薛高如何做自己的私

域流量，其实更要理解这个品牌在经营上的“克制”。

钟薛高并没有在各流量生态中高举高打，而是非常克制地探索哪些渠道是真正与自己品牌的用户群体特性、调性相一致的。所以它在选择流量渠道的时候，做了以下的动作。

首先，它采用了线下铺点的模式，大量地铺设线下点位，开设自营门店和快闪店来触及流量。众所周知，要让消费者随时可以看到、感受到一个品牌想要表达的理念以及对品质的追求，线下店实体性、情景化、沉浸式的体验是最能反映出来的。而当来自线下店的用户流量对品牌有了全方位的认识与体验后，转入私域流量则更加顺理成章。

其次，它在小红书这个平台上做深度种草。种草这个逻辑非常吻合线下店的消费场景，而根据大数据统计，83% 的年轻消费者购买决策的主要影响因素来自身边及各平台网红达人的种草分享，而小红书就是最大的种草平台之一，用户先被种草，转而到线下、线上进行流量的消费转化。

最后，与用户定位相同但产品不冲突的品牌联名。钟薛高与品牌的联名活动中，曾与三只松鼠、泸州老窖、荣威汽车、小仙炖等多个品牌联名推出了跨界产品，力主在社交网络给消费者创造品牌的记忆点。

钟薛高选择了运用腾讯生态来实现其私域流量的管理和

运营，具体做了以下动作。

◎ 通过朋友圈投放广告，引流到私域流量。具体的链路：用户看到朋友圈广告—打开落地页—进入小程序—了解商品，一键购买。

◎ 通过快闪店放大品牌势能和效应，从而再引流到私域流量。具体的链路：投放特定的朋友圈广告，或者用公众号引流到线下的快闪店—利用用户的注意力经济吸引游客到店—游客试吃并购买—现场邀请用户将相关的活动信息发朋友圈—在朋友圈引起刷屏带动新的话题爆点—引流闭环。

综合来看，现在用户在很多平台都能够找到钟薛高的身影，包括小红书、抖音、B 站、天猫、微信。但是钟薛高采用微信生态来做私域流量的运营，一方面是微信本身有月活 12 亿 + 的用户群体，另一方面是微信的生态当中触及用户的场景很丰富，包括服务号、朋友圈、视频号和小程序等。

所以对于钟薛高来说，在微信的私域流量生态中，就是要通过碎片化与多元化的方式，不断与用户产生接触点，让用户能够及时与品牌进行接触。

而碎片化与多元化，正是微信生态理念当中品牌和用户接触的重要特征，满足各种复杂的人性的需求，形成触点。

本节小结

钟薛高深谙注意力经济时代下，如何通过私域流量平台的布局与用户之间进行碎片化、持续化、多元化的沟通与交互。在信息爆炸的时代里，能让用户多看一秒就能带来多一秒产生关系的机会。

虽然一路走来的时间不长，但是钟薛高在私域流量上的探索非常多。是成为网红流量品还是成为永恒的经典品，是与用户一锤子买卖还是建立长久关系，还需要钟薛高持续摸索，但是做好应该坚守的产品本身，加上不断传递的新鲜感，就能持续获得用户的好感。

要点提炼

1. 钟薛高主打高端市场，其产品有以下特点：高颜值、高品质、好味道、倡导健康、场景丰富。

2. 钟薛高为什么要做私域流量？钟薛高所定位的用户以年轻、高知、高收的家庭购物决策者为主，是有一定品质追求的特定消费人群，由于这类人群的特性非常明显，想要在大众用户中找到这群人本身就比较困难；找到这群用户之后，维护好这些稀有的用户资源，就成为钟薛高做私域流量的重要原因。

3. 钟薛高在选择流量渠道时非常克制，选择开设线下店、在小红书平台深度种草、与品牌做联名互洗流量。

4. 钟薛高选择运用腾讯生态来实现其私域流量的管理和运营：通过朋友圈投放广告，引流到私域流量；通过快闪店放大品牌势能和效应，从而再引流到私域流量。

课后作业

请你根据钟薛高的私域思维分析，找到一个新消费品牌，尝试对其私域思维进行分析和拆解。

➊ 选择品牌：______________________________

» 分析拆解：______________________________

____

____

____

____

____

学习加油站

1. 想要获得更多表格工具及学习资料，请关注微信公众号“刘芳在想”，回复关键词“流量”获得超200页的PPT学习资料包；

2. 关注微信视频号“刘芳在想”可观看更多精彩课程视频；

3. 添加个人微信号“fairy158158”交流。

后　记

本书由 1 个核心、4 大元认知、9 大思维、27 个经典商业案例、40+ 具体场景应用案例组成。

全书以定位、用户、价值、渠道、内容、场景、路径、会员、私域 9 大章节的思维 + 深度案例剖析为框架，更具象地阐述了关于“流量变现”的底层逻辑。

我在撰写本书时发现，市场上并未有通过这样一种揭示底层逻辑来阐述“流量”的书籍。因为有许多板块，如定位、用户、价值、场景、会员等，在传统的有关“流量”的图书中是没有被考虑进来的，但是根据销售额的公式，即销售额 = 流量 × 转化率 × 客单价 × 复购率，流量是实现销售的前提，这意味着流量更应该上升到整个企业内部体系的高度，是一把手战略，而非仅仅停留在某个业务板块当中。未能上升到战略高度的“流量变现”，往往会在实际的运作推进过程中受到内外部各方的掣肘，“流量变现”也经常成为悖论。

所以，当有这样的判断后，我决定用新的视角来审视和构建这本书的结构。

事实上，在本书中，无论将哪一个部分单独拿出来，都可能是一部或多部鸿篇巨制，但我仍然希望将这些概念包括进来，尝试着用最为精练的描述为读者朋友们展示一个关于“流量”的全貌。

这本书经历了一个相对顺利的撰写过程，这种顺利源于：

第一，的确是将自己多年的实践与积累和盘托出，整个写作过程已经进入了心流状态；

第二，我的身边有一群特别有能量的亲人、导师、朋友，以及合作伙伴，他们对我的支持与鼓励让我得以顺利完成本书的撰写。

我想在这里对他们逐一感谢：

感谢我的家人对我“想将沉淀通过输出为一本书的方式，为时代留下一笔知识财富”这个决定的全力支持。

感谢对我职业生涯影响重大的导师并成为人生重要挚友的美宜佳周振兴总、冯盘江总、刘云总、胡秋育总、张茂盛、李锋德，以及并肩作战过的同事。亦师亦友的关系，让我在成长的路上得到了许多的指导，也得到了许多的帮助。

感谢在2020年与秋叶大叔的相遇，他对我的支持与帮助可以用“弥补了我的人生遗憾”来形容，他的手把手辅导带领我进入了个人品牌并触摸到了更多元行业的新世界大门，他给予的各方面支持让我得以快速地建立起打造个人品牌所需要的资源。

感谢《你是孩子的光》作者、秋叶 IP 营个人品牌首席顾问张小桃，她是我少见的具有大格局、大智慧的女性之一，我们彼此欣赏，也彼此支持。

感谢中国法制出版社的编辑、好朋友孝莉，为了这本书的出版她做了大量的工作，我在写第一本书的时候能够遇到这样的好编辑在旁辅导，真是人生之大幸。

感谢一直支持我的行业知名媒体平台联商网、联商企划人、中国食品报社新零售、新经销创始人赵波先生、新零售财经宋九亮先生，让我有关行业理解与思考的文章可以通过这几个专业的资讯平台与众多人士进行交流。

感谢我在零售 / 电商 / 互联网行业、品牌营销及私域流量社群的朋友们为我在撰写本书时提供的宝贵建议和支持。

感谢在互联网、品牌创新、新国货领域颇有建树的朋友陈文欢、杨斌、伍骏斌、吴铭斌、安伟、吴波、“巧木上茗”茶品创始人黄浩强，他们给到我的支持用再多的感谢都可能不够。

感谢“吴晓波频道——新匠人新国货促进会”执行会长胡晓东以及大珊，与大珊在一次学习中相遇就产生了链接与合作，大珊邀请我到新国货社群分享。新国货社群具有强大的人脉资源和赋能力，的确是新国货、新零售、新消费、新经济人群值得加入的社群。

感谢畅销书《亲子沟通密码》的作者 Liliane（邹璐）、中国保险名家吴赛美、咨询公司副总裁年辉对我的帮助。在每一次与他们共处时，我都能从沟通中收获很多对于写这本书的灵感。

感谢秋叶个人品牌顾问团助教笑妮、海伦、俐雅在品牌顾问团中的支持与帮助。

感谢愿意主动提供案例的知乎母婴账号大 V“陈大可”、视频号财经头部号主“香港金融侠侣”、国内消防安全类培训的头部名师张海华（视频号：张海华老师）、人力资源领域专家艾志华（视频号：华哥聊职场）、视频号财经头部号主“王朝薇”、视频号情感类头部号主“胡明瑜”、视频号头部教育号主“萧大业”、视频号品牌传播类号主“吴聊传播”、社群培训独角兽机构“橙为”创始人邻三月等各领域优秀人士及好朋友们给予的大力支持。

感谢我在秋叶 IP 营、秋叶个人品牌顾问团、秋叶写书课程私房课的导师以及朋友们。秋叶 IP 营中来自全国各行各业的优秀 IP 人及创业者朋友们，放大了我对各行业的新视野，帮助我看到许多不同行业的差异及在营销运营上的共性问题，这也是促使我写下本书的最重要的因素之一。

这本书的内容仍有完善的空间，虽然内心存有遗憾，期待以后能够通过修订或持续出版新书来补充修正本书的纰漏之处，欢迎读者朋友们添加我的个人微信“fairy158158”，亦可关注我的公众号“刘芳在想”（xlslf158）或同名微信视频号。本书在撰写过程中亦有一些案例因各种原因未联系到原作者，若有未尽之处可联系沟通相关事宜。

谢谢您的支持。

图书在版编目 (CIP) 数据

流量变现：27 个高转化的营销经典案例 / 刘芳著
. —北京：中国法制出版社，2021.11
ISBN 978-7-5216-2195-2

Ⅰ. ①流… Ⅱ. ①刘… Ⅲ. ①网络营销 Ⅳ.
① F713.365.2

中国版本图书馆 CIP 数据核字（2021）第 202430 号

责任编辑：马春芳 封面设计：汪要军

流量变现：27 个高转化的营销经典案例

LIULIANG BIANXIAN: 27 GE GAO ZHUANHUA DE YINGXIAO JINGDIAN ANLI

著者 / 刘 芳

经销 / 新华书店

印刷 / 三河市国英印务有限公司

开本 / 880 毫米 ×1230 毫米 32 开 印张 / 11.5 字数 / 200 千

版次 / 2021 年 11 月第 1 版 2021 年 11 月第 1 次印刷

中国法制出版社出版

书号 ISBN 978-7-5216-2195-2 定价：79.00 元

北京市西城区西便门西里甲16号西便门办公区

邮政编码：100053 传真：010-63141852

网址：http://www.zgfzs.com **编辑部电话：010-66060794**

市场营销部电话：010-63141612 **印务部电话：010-63141606**

（如有印装质量问题，请与本社印务部联系。）